Gesetz

betreffend den

Schutz von Gebrauchsmustern

vom 1. Juni 1891

erläutert

von

Dr. jur. Ludwig Wertheimer,

Rechtsanwalt in Frankfurt a. M.

1913.

München und Berlin.

J. Schweitzer Verlag (Arthur Sellier).

Herrn Reichsgerichtsrat

Dr. Adelbert Düringer

in Leipzig

in aufrichtiger Verehrung zugeeignet.

Inhaltsverzeichnis.

Abkürzungen und Literaturnachweise.

A. A.	= Anderer Ansicht ist:
Allfeld . . .	= Allfeld, Kommentar zu den Gesetzen über das gewerbliche Urheberrecht.
AnfG. . . .	= Gesetz, betr. die Anfechtung von Rechtshandlungen eines Schuldners außerhalb des Konkursverfahrens vom $\frac{\text{21. Juli 1879.}}{\text{20. Mai 1898.}}$
ArchfBürgR. .	= Archiv für bürgerliches Recht, herausg. von Kohler, Ring und Oertmann.
BGB. . . .	= Bürgerliches Gesetzbuch.
Bolze . . .	= Die Praxis des Reichsgerichts in Zivilsachen, herausg. von Bolze.
Cantor . . .	= Gesetz, betr. den Schutz von Gebrauchsmustern, Kommentar und Entscheidungssammlung. 1911.
Damme . . .	= Damme, Das deutsche Patentrecht. 1911 (1906).
DJZ. . . .	= Deutsche Juristenzeitung.
EG.	= Einführungsgesetz.
ElsLothZ. . .	= Juristische Zeitschrift für das Reichsland Elsaß-Lothringen.
GebrMG. . .	= Gesetz, betr. den Schutz von Gebrauchsmustern.
GewO. . . .	= Gewerbeordnung.
GewRSchutz .	= Gewerblicher Rechtsschutz und Urheberrecht, herausg. von Osterrieth.
GVG. . . .	= Gerichtsverfassungsgesetz.
HGB. . . .	= Handelsgesetzbuch.
JBJR. . . .	= Jahrbuch für den internationalen Rechtsverkehr, herausg. von Ludwig Wertheimer.

Isay . . . . = Patentgesetz und Gesetz betr. den Schutz von Gebrauchsmustern. 2. Aufl. 1911.

JW. . . . . = Juristische Wochenschrift.

Kent . . . . = Kent, Kommentar zum Patentgesetz. 1906.

KG. . . . . = Kammergericht.

Kloeppel . . = Patentrecht und Gebrauchsmusterrecht. 1908.

KO. . . . . = Konkursordnung.

Kohler, Hdbch. . = Kohler, Handbuch des deutschen Patentrechtes. 1900/1901.

Kohler, Lehrb. = Kohler, Lehrbuch des Patentrechts. 1908.

Kohler, Musterr. = Kohler, Musterrecht. 1909.

LG. . . . . = Landgericht.

LZ. . . . . = Leipziger Zeitschrift für Handels-, Konkurs- und Versicherungsrecht, herausg. von Düringer, Jaeger und Könige.

MarkenS. u. W. = Markenschutz und Wettbewerb, herausg. von Wassermann.

Mittlg. VDP . = Mitteilungen vom Verbande deutscher Patentanwälte.

OLG. . . . = Oberlandesgericht.

Osterrieth, Lehrb. = Osterrieth, Lehrbuch des gewerblichen Rechtsschutzes. 1908.

Osterrieth-Axster = Osterrieth-Axster, Die internationale Uebereinkunft zum Schutze des gewerblichen Eigentums. 1903.

PatA. . . . = Patentamt.

PatG. . . . = Patentgesetz.

PMZBl. . . = Blatt für Patent-, Muster- und Zeichenwesen.

PreßG. . . . = Gesetz über die Presse vom 7. Mai 1874.

RG. . . . . = Reichsgericht.

RGBl. . . . = Reichsgesetzblatt.

RGRspr. . . = Rechtsprechung des deutschen Reichsgerichts in Strafsachen.

RGSt. . . . = Entscheidungen des Reichsgerichts in Strafsachen.

RGZ. . . . = Entscheidungen des Reichsgerichts in Zivilsachen.

Robolski . . = Robolski, Kommentar zum Patentgesetz.

ROHG. . . . . = Entscheidungen des Reichsoberhandelsgerichts.
Rspr. OLG. . = Rechtsprechung der Oberlandesgerichte, herausg. von Mugdan und Falkmann.
SächsRpflA. . = Sächsisches Archiv für Rechtspflege.
Seligsohn . . = Seligsohn, Patent- und Gebrauchsmusterschutzgesetz. 5. Aufl. 1912.
SeuffArch. . . = Seufferts Archiv für Entscheidungen der obersten Gerichte.
StGB. . . . . = Strafgesetzbuch.
StPO. . . . . = Strafprozeßordnung.
ThürBl. . . . = Blätter für Rechtspflege in Thüringen und Anhalt.
UnlWG. . . . = Gesetz gegen den unlauteren Wettbewerb.
VO. . . . . . = Verordnung.
WZG. . . . . = Warenbezeichnungsgesetz.
ZIndR. . . . = Zeitschrift für Industrierecht, herausg. von Tolksdorf und Paul Alexander-Katz.
ZPO. . . . . = Zivilprozeßordnung.

Um den Stand der Rechtsprechung rasch überblicken zu können, ist den zitierten Urteilen das Datum beigefügt worden. Da viele höchstrichterliche Urteile an verschiedenen Stellen veröffentlicht sind, wurde Wert darauf gelegt, mindestens zwei derselben anzugeben, um das Auffinden zu erleichtern.

Gesetz,
betreffend den Schutz von Gebrauchsmustern.

Vom 1. Juni 1891. (Reichsgesetzblatt S. 290).

Wir **Wilhelm**, von Gottes Gnaden Deutscher Kaiser, König von Preußen rc. verordnen im Namen des Reichs, nach erfolgter Zustimmung des Bundesrats und des Reichstags, was folgt:

§ 1.

Modelle von Arbeitsgerätschaften oder Gebrauchsgegenständen oder von Teilen derselben werden, insoweit sie dem Arbeits- oder Gebrauchszweck durch eine neue Gestaltung, Anordnung oder Vorrichtung dienen sollen, als Gebrauchsmuster nach Maßgabe dieses Gesetzes geschützt.

Modelle gelten insoweit nicht als neu, als sie zur Zeit der auf Grund dieses Gesetzes erfolgten Anmeldung bereits in öffentlichen Druckschriften beschrieben oder im Inlande offenkundig benutzt sind.

§ 2.

Modelle, für welche der Schutz als Gebrauchsmuster verlangt wird, sind bei dem Patentamt schriftlich anzumelden.

Die Anmeldung muß angeben, unter welcher Bezeichnung das Modell eingetragen werden, und welche neue Gestaltung oder Vorrichtung dem Arbeits- oder Gebrauchszweck dienen soll.

Jeder Anmeldung ist eine Nach- oder Abbildung des Modells beizufügen.

Ueber die sonstigen Erfordernisse der Anmeldung trifft das Patentamt Bestimmung.

Gleichzeitig mit der Anmeldung ist für jedes angemeldete Modell eine Gebühr von 15 Mk. einzuzahlen.

§ 3.

Entspricht die Anmeldung den Anforderungen des § 2, so verfügt das Patentamt die Eintragung in die Rolle für Gebrauchsmuster.

Die Eintragung muß den Namen und Wohnsitz des Anmelders, sowie die Zeit der Anmeldung angeben.

Die Eintragungen sind durch den Reichsanzeiger in bestimmten Fristen bekannt zu machen.

Aenderungen in der Person des Eingetragenen werden auf Antrag in der Rolle vermerkt.

Die Einsicht der Rolle, sowie der Anmeldungen, auf Grund deren die Eintragungen erfolgt sind, steht jedermann frei.

§ 4.

Die Eintragung eines Gebrauchsmusters im Sinne des § 1 hat die Wirkung, daß dem Eingetragenen ausschließlich das Recht zusteht, gewerbsmäßig das Muster nachzubilden, die durch Nachbildung hervorgebrachten Gerätschaften und Gegenstände in Verkehr zu bringen, feilzuhalten oder zu gebrauchen.

Das durch eine spätere Anmeldung begründete Recht darf, soweit es in das Recht des auf Grund früherer Anmeldung Eingetragenen eingreift, ohne Erlaubnis des letzteren nicht ausgeübt werden.

Wenn der wesentliche Inhalt der Eintragung den Beschreibungen, Zeichnungen, Modellen, Gerätschaften oder Einrichtungen eines anderen ohne Einwilligung desselben entnommen ist, so tritt dem Verletzten gegenüber der Schutz des Gesetzes nicht ein.

§ 5.

Soweit ein nach § 4 begründetes Recht in ein Patent eingreift, dessen Anmeldung vor der Anmeldung des Modells erfolgt ist, darf der Eingetragene das Recht ohne Erlaubnis des Patentinhabers nicht ausüben.

Imgleichen darf, soweit in ein nach § 4 begründetes Recht durch ein später angemeldetes Patent eingegriffen wird, das Recht aus diesem Patent ohne Erlaubnis des Eingetragenen nicht ausgeübt werden.

§ 6.

Liegen die Erfordernisse des § 1 nicht vor, so hat jedermann gegen den Eingetragenen Anspruch auf Löschung des Gebrauchsmusters.

Im Falle des § 4, Absatz 3 steht dem Verletzten ein Anspruch auf Löschung zu.

§ 7.

Das durch die Eintragung begründete Recht geht auf die Erben über und kann beschränkt oder unbeschränkt durch Vertrag oder Verfügung von Todeswegen auf andere übertragen werden.

§ 8.

Die Dauer des Schutzes ist drei Jahre; der Lauf dieser Zeit beginnt mit dem auf die Anmeldung folgenden Tage. Bei Zahlung einer weiteren Gebühr von 60 Mk. vor Ablauf der Zeit tritt eine Verlängerung der Schutzfrist um drei Jahre ein. Die Verlängerung wird in der Rolle vermerkt.

Wenn der Eingetragene während der Dauer der Frist auf den Schutz Verzicht leistet, so wird die Eintragung gelöscht.

Die nicht infolge von Ablauf der Frist stattfindenden Löschungen sind durch den Reichsanzeiger in bestimmten Fristen bekannt zu machen.

§ 9.

Wer wissentlich oder aus grober Fahrlässigkeit den Bestimmungen der §§ 4 und 5 zuwider ein Gebrauchsmuster in Benutzung nimmt, ist dem Verletzten zur Entschädigung verpflichtet.

Die Klagen wegen Verletzung des Schutzrechtes verjähren rücksichtlich jeder einzelnen dieselbe begründenden Handlung in drei Jahren.

§ 10.

Wer wissentlich den Bestimmungen der §§ 4 und 5 zuwider ein Gebrauchsmuster in Benutzung nimmt, wird mit Geldstrafe bis zu 5000 Mk. oder mit Gefängnis bis zu einem Jahre bestraft.

Die Strafverfolgung tritt nur auf Antrag ein. Die Zurücknahme des Antrags ist zulässig.

Wird auf Strafe erkannt, so ist zugleich dem Verletzten die Befugnis zuzusprechen, die Verurteilung auf Kosten des Verurteilten öffentlich bekannt zu machen. Die Art der Bekanntmachung, sowie die Frist zu derselben ist im Urteil zu bestimmen.

§ 11.

Statt jeder aus diesem Gesetz entspringenden Entschädigung kann auf Verlangen des Beschädigten neben der Strafe auf eine an ihn zu erlegende Buße bis zum Betrage von 10000 Mk. erkannt werden. Für diese Buße haften die zu derselben Verurteilten als Gesamtschuldner.

Eine erkannte Buße schließt die Geltendmachung eines weiteren Entschädigungsanspruchs aus.

§ 12.

In bürgerlichen Rechtsstreitigkeiten, in welchen durch Klage oder Widerklage ein Anspruch auf Grund der Bestimmungen dieses Gesetzes geltend gemacht ist, wird die Verhandlung und Entscheidung letzter Instanz im Sinne des § 8 des Einführungsgesetzes zum Gerichtsverfassungsgesetze dem Reichsgericht zugewiesen.

§ 13.

Wer im Inlande einen Wohnsitz oder eine Niederlassung nicht hat, kann nur dann den Anspruch auf den Schutz dieses Gesetzes geltend machen, wenn in dem Staate, in welchem sein Wohnsitz oder seine Niederlassung sich befindet, nach einer im Reichsgesetzblatt enthaltenen Bekanntmachung deutsche Gebrauchsmuster einen Schutz genießen.

Wer auf Grund dieser Bestimmungen eine Anmeldung bewirkt, muß gleichzeitig einen im Inlande wohnhaften Vertreter bestellen. Name und Wohnsitz des Vertreters werden in die Rolle eingetragen. Der eingetragene Vertreter ist zur Vertretung des Schutzberechtigten in den das Gebrauchsmuster betreffenden Rechtsstreitigkeiten und zur Stellung von Strafanträgen befugt. Der Ort, wo der Vertreter seinen Wohnsitz hat, und in Ermangelung eines solchen der Ort, wo das Patentamt seinen Sitz hat, gilt im Sinne des § 24 der Zivilprozeßordnung als der Ort, wo der Vermögensgegenstand sich befindet.

§ 14.

Die zur Ausführung dieses Gesetzes erforderlichen Bestimmungen über die Einrichtung und den Geschäftsgang des Patentamts werden durch Kaiserliche Verordnung unter Zustimmung des Bundesrats getroffen.

§ 15.

Dieses Gesetz tritt mit dem 1. Oktober 1891 in Kraft.

Urkundlich unter Unserer Höchsteigenhändigen Unterschrift und beigedrucktem Kaiserlichen Insiegel.

Gegeben an Bord Meines „Aviso Greif" den 1. Juni 1891.

(L. S.) **Wilhelm.**

Bötticher.

Gesetz,
betreffend den Schutz von Gebrauchsmustern
vom 1. Juni 1891.

Vorbemerkungen.

I.
Abgrenzung des Geschmacksmuster-, Patent- und Gebrauchsmusterrechts.

Das Gebrauchsmustergesetz verdankt seine Entstehung einer Anregung der mit der Vorbereitung einer Reform des Patentgesetzes von 1877 betrauten sog. Patentenquête-Kommission. Diese machte den Vorschlag, „für das zwischen dem Geschmacksmuster- und Patentschutz liegende Gebiet ein besonders leicht zugängliches und dem Objekte nach mit Sicherheit abgrenzbares Schutzmittel" zu schaffen. Infolgedessen wurde Ende des Jahres 1890 dem Reichstag zugleich mit der Patentgesetz-Novelle auch der Entwurf eines Gebrauchsmustergesetzes vorgelegt. Beide erhielten im Jahre 1891 Gesetzeskraft.[1]) Wie diese in aller Kürze geschilderte Entstehungsgeschichte des Gebrauchsmustergesetzes zeigt, sollte dasselbe eine Lücke des gewerblichen Rechtsschutzes ausfüllen. Da es dazu bestimmt war, im Gegensatz zu dem sog. Geschmacksmusterschutzgesetz (Gesetz, betr. das Urheberrecht an Mustern und Modellen vom 11. Jan. 1876), das nur ästhetisch wirkende Muster schützt (ROHG. [vom 3. Septbr. 1874] 24, 109), solchen Neuerungen Schutz zu gewähren, die einem

---

[1]) Außer Deutschland hat bisher nur Japan einen besonderen Gebrauchsmusterschutz eingeführt. Gesetz vom 2. April 1909.

praktischen Zwecke (Gebrauchszweck) dienen, so ist das Gebrauchsmuster als der Schutz einer technischen Erfindung zu charakterisieren. Entsprechend der Möglichkeit, daß ein Gegenstand sowohl eine ästhetische Wirkung auszulösen als einen praktischen Nutzeffekt zu erzielen vermag, kann derselbe zugleich Geschmacks- und Gebrauchsmusterschutz genießen. (RG. vom 29. März 1902 RGZ. 38, 392; RG. vom 19. März 1906 JW. 1906, 612).

Patent und Gebrauchsmuster sollen gewerbliche Zweckschöpfungen schützen, deshalb ist eine Grenze zwischen beiden kaum zu ziehen; die Motive zum Gebrauchsmustergesetz bezeichnen dies sogar als unmöglich. — Als beide unterscheidend ist aber hervorzuheben:

a) das Gebrauchsmuster erstreckt sich auf die sog. kleinen Erfindungen, bei welchen einerseits geringere Anforderungen an die Erfindungsqualität als bei den Patenten gestellt werden und bei denen es sich anderseits nicht lohnt, den schwer zu erlangenden (Vorprüfung!) und teuereren Patentschutz zu erwerben;

b) der Gegenstand des Patentschutzes kann als Kräftekombination — Ausnützung bewegender Naturkräfte — räumlich, zeitlich, oder räumlich und zeitlich darstellbar sein; der Gegenstand des Gebrauchsmusters ist als Raumformkombination — eine nur im Raum (durch ein Modell) zu verkörpernde Erfindung — nur räumlich darstellbar. (S. auch RG. vom 23. Septbr. 1899 RGZ. 44, 75).

c) Das Patent schützt die Erfindungsidee, das Gebrauchsmuster nur die bestimmte Formgebung.

Nicht zutreffend erblickt Schanze (ArchfBürgR. 18, 291) das Kriterium des Unterschiedes von Patent und Gebrauchsmuster darin, ob die Neuschöpfung bedeutend oder einfach ist. Möglich ist vielmehr, daß unter Umständen für eine Erfindung das eine oder das andere Schutzrecht zu erwerben ist oder sogar beide Schutzrechte erwirkt werden können. (S. auch § 1 N. 2). Daher wird die Rechtsbeständigkeit eines Gebrauchsmusters nicht dadurch ausgeschlossen, daß die Erfindungsidee auch patentfähig gewesen wäre. (RGZ. 44, 74; 66, 313).

II.
Die Ergänzung des Gebrauchsmustergesetzes durch das Patentgesetz.

Als Spezialgesetz geht das Gebrauchsmustergesetz anderen Reichsgesetzen allgemeineren Inhaltes vor; es regelt die Materie des Gebrauchsmusterschutzes ausschließlich. (S. auch Art. 32 EG. BGB.). Die Folge des Fehlens einer scharfen Abgrenzung zwischen Patent und Gebrauchsmuster ist aber, daß das Gebrauchsmustergesetz eine deutlich hervortretende Anlehnung an das Patentgesetz zeigt. Eine Reihe von Einzelfragen, die im Patentgesetze geregelt sind (z. B. das Recht der Vorbenutzung, § 5 PatG.), hat, obwohl sie auch für das Gebrauchsmusterrecht von Wichtigkeit sind, im Gebrauchsmustergesetze keine Erwähnung gefunden. Man hat daraus schließen zu können geglaubt, daß das Gebrauchsmustergesetz die Materie nicht habe erschöpfend regeln wollen, sondern sich darauf beschränkt habe, nur die wesentlichsten Bestimmungen zu treffen, so daß zur Erläuterung und Ergänzung gegebenenfalls auf das „Schwestergesetz" zurückgegriffen werden müsse (vgl. besonders RG. vom 30. Novbr. 1907 RGZ. 67, 176; JW. 1908, 53). Dieser Ansicht wird man wegen ihres praktisch befriedigenden, ja notwendigen Resultates zustimmen müssen, wenngleich die Begründung, einem durchaus selbständigen Sondergesetz) gegenüber, nicht überzeugend wirken kann. Isay (N. 2 S. 452 stellt wohl deshalb auch noch eine zweite Erwägung an, die zu dem gleichen Ergebnisse führt: das gegenseitige Uebergreifen beider Gebiete sei rechtlich von erheblicher Bedeutung und bedinge, daß der Gebrauchsmusterschutz keine Ausgestaltung erfahren dürfe, welche mit dem Grundgedanken und Wesen des Erfindungsschutzes unvereinbar sei. Daraus ergebe sich die Notwendigkeit, das Gebrauchsmustergesetz aus dem Patentgesetz zu ergänzen. So auch die herrschende Meinung. (Cantor S. 604; Damme, Patentrecht S. 354; Isay S. 457 N. 2; Kohler, Musterrecht S. 122; Seligsohn S. 457 N. 3).

§ 1.

Modelle von Arbeitsgerätschaften oder Gebrauchsgegenständen oder von Teilen derselben werden, soweit sie dem Arbeits- oder Gebrauchszweck durch eine neue Gestaltung, Anordnung oder Vorrichtung dienen sollen, als Gebrauchsmuster nach Maßgabe dieses Gesetzes geschützt.

Modelle gelten insoweit nicht als neu, als sie zur Zeit der auf Grund dieses Gesetzes erfolgten Anmeldung bereits in öffentlichen Druckschriften beschrieben oder im Inlande offenkundig benutzt sind.

Abs. 1.

1. Das Gesetz gibt keine Definition des Begriffes „Gebrauchsmuster", sondern nur eine allgemeine Umschreibung desselben, indem es die Erfordernisse des Schutzes aufzählt. Zum Vorhandensein eines rechtsbeständigen Gebrauchsmusterschutzes sind danach nötig:

a) Modell;
b) Arbeitsgerätschaft oder Gebrauchsgegenstand oder Teile derselben;
c) Förderung des Arbeits- oder Gebrauchszwecks;
d) Gestaltung, Anordnung oder Vorrichtung;
e) Neuheit.

Im einzelnen ist hierzu zu bemerken:

2. Unter Modell ist ein zur gewerblichen Nachbildung bestimmtes und geeignetes körperliches Vorbild zu verstehen, in welchem der Erfindungsgedanke zur Erscheinung gelangt. (Im wesentlichen so auch: Allfeld S. 373; Cantor S. 16; Isay N. 16 zu § 1; auf die daselbst zitierte reichhaltige Judikatur sei verwiesen).

Zu beachten ist, daß das Objekt des Schutzes nur der Raumformgedanke, das Modell ist, nicht die darin verkörperte Erfindungsidee. (RG. vom 2. April 1894 RGSt. 25, 214). Daraus ergibt sich, daß ein Erfindungsgedanke, der nicht in dem Modelle zum Ausdruck gelangt, nicht geschützt ist; daher bezeichnet das RG. mit Recht das Modell als den ausschließlichen Träger des Erfindungsgedankens (RG. vom 26. Mai 1894 RGZ. 33, 10; PMZBl. 4 [1894] 85). Dadurch, daß nur die räumliche Einheit geschützt ist, ist der Schutz einer Mehrheit verschiedener Ausführungsformen durch ein Gebrauchsmuster unmöglich. Andererseits ist es — im Gegensatze zum Patentschutze — nicht ausgeschlossen, daß eine Mehrheit von technologisch verschiedenen Neuerungen an dem einen Modell geschützt wird. (Präsidialbescheid des PatA. vom 5. Dezbr. 1903 PMZBl. 9 [1903] 307). S. zu § 2 N. 6.

Das Modell muß durch eine bestimmte Gestaltung erkennen lassen, worin die Neuheit liegt. (RG. vom 24. Oktbr. 1903 GewRSchutz 9, 22; DJZ. 1904, 74). Vom Schutze wurden daher ausgeschlossen: Viehfutter in granulierter Form (RG. vom 9. Dezbr. 1899 PMZBl. 6 [1900] 313), die Brikettform (RG. vom 17. September 1898 PMZBl. 5 [1899] 38; JW. 1898, 578).

Streitig ist, ob plastische Gestaltung erforderlich ist. S. unten bei „Flächenmuster".

Das Modell muß ferner isolierbar sein. Schutzunfähig sind deshalb flüssige, pulverige, gas- usw. förmige Gegenstände, Mischungen, z. B. Viehfutter aus einem Gemisch von Oelkuchen und Melasse.

Wegen des Mangels der Modellfähigkeit können auch Arbeitsvorgänge und Verfahren nicht durch Gebrauchsmuster geschützt werden. (Vgl. z. B. RG. vom 29. Juni 1898 JW. 1898, 544; GewRSchutz 4, 270).

Aus dem gleichen Grunde sind chemische Erfindungen an sich vom Gebrauchsmusterschutze ausgeschlossen. Das modellfähige Endprodukt eines Verfahrens kann natürlich durch Gebrauchsmuster geschützt werden. — Ein indirekter Verfahrensschutz kann dann sich ergeben, wenn nur durch das Verfahren eine Steigerung des Gebrauchswertes des Produktes herbeigeführt wird, wenn somit die Besonderheiten des Verfahrens im Produkte selbst zum Ausdrucke kommen und nach den Anschauungen des Verkehrs das Produkt als ein neuer Gebrauchsgegenstand erscheint. (RG. vom 22. Mai 1909 RGZ. 71, 196).

Hat eine neue Gestaltung ihre Ursache in einem neuen Herstellungsverfahren, so kann für das Produkt der Gebrauchsmusterschutz, für das Verfahren der Patentschutz erwirkt werden (RG. vom 15. Jan. 1898 RGZ. 40, 143): Ausdehnung des Erfinderschutzes durch Kumulation von Patent und Gebrauchsmuster.

Der Schutz wurde versagt: Gußwänden mit Rohrgewebeeinlagen, weil als der eigentliche Schutzgegenstand das Verfahren zur Herstellung der Wände angesehen wurde (LG. Breslau vom 2. Novbr. 1896 PMZBl. 3 [1897] 160), Steinen mit Nuten, die in eigenartiger Weise beim Gießen der Steine hergestellt wurden (RG. vom 29. Jan. 1896 JW. 1896, 134), das Gouffrieren von Papier (RG. vom 22. Septbr. 1897 JW. 1897, 550).

Vom Schutz ausgeschlossen sind endlich auch die Verwendung von Energie (Elektrizität) oder Arbeitsmitteln oder Gebrauchsgegenständen, die nur als „Anhalt oder Ausdrucksmittel für geistige Tätigkeit" (Isay Anm. 11 zu § 1) dienen, z. B. Rezepte (vgl. aber § 18 UnlWG.), Regeln, Gebrauchsanweisungen, einerlei ob sie durch ein Schriftwerk oder graphische Zeichen dargestellt werden. (Vgl. RG. vom 26. März 1902 RGZ. 51, 142; PMZBl. 8 [1902] 190; LG. Berlin I PMZBl. 10 [1904] 302; OLG. Hamburg PMZBl. 3 [1897] 125).

Stoffe sind an sich nicht schutzfähig, da sie ja die Voraussetzung der neuen Gestaltung erst bilden. (KG. vom 24. Febr. 1897 PMZBl. 4 [1898] 24). Ebenso sind bestimmte Stoffzusammensetzungen ohne äußerlich erkennbare Neugestaltung des Gebrauchsmusterschutzes nicht fähig. (LG. I Berlin vom 25. Febr. 1897 PMZBl. 4 [1898] 26).

Ob Flächenmuster schutzfähig sind oder nicht, ist eine sehr bestrittene Frage. S. Literaturangaben bei Seligsohn N. 3 zu § 1, der im Gegensatz zu seiner früher vertretenen Ansicht jetzt auch für deren Schutzfähigkeit eintritt.

Die Bedürfnisse der Industrie erfordern einen solchen Schutz, und da ein solcher ohne Schwierigkeiten aus dem Gesetze gefolgert werden kann, soll man ihn auch nicht versagen. Selbstverständlich muß aber das Flächenmuster, um gebrauchsmusterschutzfähig zu sein, eine technische Wirkung äußern, d. h. z. B. durch Uebersichtlichkeit den Gebrauchszweck fördern, und nicht nur auf das Auge wirken oder eine geistige Tätigkeit vermitteln.

Gegen die Schutzfähigkeit der Flächenmuster sprechen sich aus u. a. OLG. Hamburg vom 9. Febr. 1901 Rspr. OLG. II 288 b; LG. Leipzig vom 1. Dezbr. 1894 PMZBl. 1 (1894/95) 156; KG. vom 24. Febr. 1900 PMZBl. 6 (1900) 316.

Für die Schutzfähigkeit der Flächenmuster sprechen sich aus u. a.: OLG. Hamm vom 19. Oktbr. 1894 PMZBl. 1 (1894/95) 129; OLG. Jena vom 3. Jan. 1903 PMZBl. 9 (1903) 234; OLG. Dresden vom 15. Oktbr. 1903 PMZBl. 10 (1904) 345; LG. Berlin vom 27. Novbr. 1903 PMZBl. 10 (1904) 302.

Das Modell muß eine bewegliche Sache zum Gegenstand haben, die aber dazu bestimmt sein kann, an einer unbeweglichen Sache (z. B. Gebäude) angebracht zu werden.

Unbewegliche Sachen selbst und integrierende Bestandteile von solchen können nicht Gegenstand des Gebrauchsmusterschutzes sein. So wurde z. B. eine Verankerungsvorrichtung für Schornsteine, wie Schornsteine selbst für schutzunfähig erklärt, letztere als unbewegliche Sache, erstere weil sie kein selbständiger Gegenstand des gewerblichen Verkehrs ist. (Die einzelnen Teile der Vorrichtung wurden in den Schornstein hineinmontiert). (LG. Leipzig vom 16. März 1910 ZIndR. 5, 248).

3. Arbeitsgerätschaften oder Gebrauchsgegenstände oder Teile derselben.

Als Arbeitsgerät wird man einen beweglichen Gegenstand bezeichnen können, der dazu bestimmt und geeignet ist, als Hilfsmittel bei der Verrichtung von Arbeiten zu dienen. Daß die zu leistende Arbeit ausschließlich auf technischem Gebiet zu liegen habe, ist nicht zu erfordern. A. A. Cantor S. 70.

Als Gebrauchsgegenstand ist jede bewegliche Sache anzusehen, die zur Herbeiführung eines wirtschaftlichen oder technischen Nutzeffektes verwendet werden kann. Eine scharfe Abgrenzung der Begriffe „Arbeitsgerät“ und „Gebrauchsgegenstand“ ist in der Praxis nicht möglich. Maßgebend für die Entscheidung der Frage, ob im einzelnen Falle eine Arbeitsgerätschaft oder ein Gebrauchsgegenstand vorliegt, ist der Sprachgebrauch und der hauptsächliche Zweck des betreffenden Gegenstandes. Der Begriff des „Gebrauchens“ ist im weitesten

Sinne aufzufassen. Auch Spielwaren haben einen Gebrauchszweck (vgl. Kommissionsbericht S. 1). Aus der sprachlichen Bedeutung des Wortes Gebrauchsgegenstand ergibt sich, daß Pflanzen und Sachen, die durch einen einmaligen Gebrauch verbraucht werden, ihre Existenz verlieren, keine Gebrauchsgegenstände i. S. dieses Gesetzes sind. Eine gewisse Dauer des Gebrauches muß gewährleistet sein. Das Verlieren der selbständigen Existenz oder ein Abnutzen scheiden dagegen einen Gegenstand nicht aus der Kategorie der Gebrauchsgegenstände aus. (LG. Berlin vom 25. Febr. 1897 PMZBl. 4 [1898] 26).

Ueber die Frage, ob Maschinen und Betriebsvorrichtungen schutzfähig sind, läßt das Gesetz sich nicht aus; die Motive (S. 9) verneinen sie. Trotzdem wird von der überwiegenden Zahl der Autoren (s. die Zitate bei Seligsohn N. 4 zu § 1, aber auch OLG. Hamburg in der eingehend begründeten Entsch. vom 20. Novbr. 1896 PMZBl. 3 [1897] 125) die Schutzfähigkeit bejaht. Maschinen und Betriebsvorrichtungen müssen dann als schutzfähig erachtet werden, wenn das Neue und Charakteristische derselben in der äußeren Form zu erblicken ist. Die hier vertretene Ansicht steht im Gegensatz zu der Rechtsprechung des Reichsgerichts, welche aber die „jedenfalls unrichtige" Ansicht der Motive dahin einschränkt, daß „relativ einfache" Maschinen für schutzfähig erklärt werden, dagegen den Gebrauchsmusterschutz für solche Maschinen versagt, bei denen es nicht so sehr auf die räumliche Anordnung der Teile, als auf die organischen Funktionen und das immaterielle Zusammengehen der Arbeitsglieder in einem zeitlich verlaufenden Prozesse ankommt. Schutzunfähig sollen daher sein künstliche, aus vielen ineinandergreifenden Arbeitsmitteln zusammengesetzte, zur Bewegung durch Naturkräfte bestimmte Maschinen oder die Gesamtheit einer Reihe selbständiger Vorrichtungen, die zum Zwecke eines auf einer Mehrheit von Arbeitsvorgängen aufgebauten Betriebes zusammengefügt sind.

Den für die Schutzfähigkeit der Maschinen geltend gemachten Gründen (vgl. im einzelnen die zitierten Schriftsteller, insbes. aber noch Osterrieth, Lehrbuch des gewerbl. Rechtsschutzes S. 170) ist m. E. überwiegende Bedeutung beizumessen. Das Bedürfnis des industriellen Lebens erfordert diesen Schutz, da nicht immer für Maschinen, besonders für Verbesserungen derselben, ein Patentschutz möglich oder zweckmäßig ist. Die Gewährung des Gebrauchsmusterschutzes für Maschinen steht auch nicht mit den Zwecken des Gesetzes im Widerspruch. Man darf daher das Gesetz nicht zu eng interpretieren und sich an eine Bemerkung der Motive klammern, besonders da der Wortlaut des Gesetzes an sich nicht gegen den Ausschluß von Maschinen spricht, die Motive selbst auch unklar sind, weil sie nicht zu erkennen geben, was sie unter „Maschinen" verstanden wissen wollen. Darunter fallen nämlich die durch Naturkräfte in Bewegung zu setzenden Kraftmaschinen, die von diesen getriebenen, eine selbständige Tätigkeit entwickelnden sog. Arbeitsmaschinen, endlich auch (einfache und komplizierte) Geräte, mittels deren die menschliche Arbeitsleistung eine Förderung oder Erleichterung erfahren kann. Maschinen fallen also unter den Begriff Arbeitsgeräte. (Vgl. über die — geringe — Bedeutung der Gesetzesmaterialien für die Auslegung neuerdings RG. vom 13. März 1912 und 5. Dezbr. 1911 RGZ. 78, 286, 275).

Zu warnen ist davor, dem Sprachgebrauch bei der Stellungnahme zu dieser Streitfrage irgendwelche Bedeutung beizulegen, da darnach einerseits Gegenstände als Maschinen bezeichnet werden, die technologisch als Maschinen unzweifelhaft nicht anzusehen sind, z. B. Kaffeemaschinen, oder einfache Arbeitsgerätschaften (Werkzeuge) darstellen, z. B. Kartoffelreib-, Brotschneidemaschinen, und andererseits Gegenstände, die technologisch als Maschinen zu klassifizieren sind, aber üblicherweise nicht als solche bezeichnet werden, z. B. Uhren. (Vgl. auch RG. vom 17. Febr. 1896, RGSt. 28, 165; PMZBl. 2 [1896] 137; JW. 1896, 522).

Beispiele von

a) versagten (komplizierten) Maschinengebrauchsmustern: RG. vom 23. Oktbr. 1895 RGZ. 36, 16; PMZBl. 2 (1896) 10; RG. vom 6. April 1898 RGZ. 41, 74; PMZBl 4 (1898) 124; RG. vom 7. Febr. 1900 PMZBl. 6 (1900) 240; RG. vom 18. Jan. und 11. Oktbr. 1902 JW. 1902, 137, 637. S. aber RG. vom 21. Septbr. 1907 JW. 1907, 680, wo diese Praxis nicht mehr unbedingt vertreten wird;

b) gewährten (einfachen) Maschinengebrauchsmustern: RG. vom 7. Febr. 1896 RGSt. 28, 185; PMZBl. 2 (1897)

137; RG. vom 8. Mai 1897 RGZ. 39, 115; PMZBl. 3 (1897) 176.

4. Teile von Arbeitsgerätschaften und Gebrauchsgegenständen sind schutzfähig, sofern sie den gesetzlichen Voraussetzungen des Gebrauchsmusterschutzes entsprechen, insbesondere selbständig modell- und marktfähig sind. (RG. vom 22. Oktbr. 1909 LZ. 3, 677; Recht 1909, 2037). Unerheblich ist, ob sie dazu bestimmt sind, ihre selbständige Existenz zu verlieren, z. B. Schloß eines Handschuhes; dies insbesondere auch dann, wenn sie einem nicht schutzfähigen Ganzen dienen oder darin aufgehen sollen. Es ist dies sehr bedeutsam für die Frage des Maschinenschutzes. Das Reichsgericht vertritt in dieser Hinsicht jetzt folgenden Standpunkt:

Schutzfähig ist auch ein wesentlicher Teil einer Maschine, für die als Ganzes wegen ihrer Kompliziertheit kein Gebrauchsmuster, sondern ein Patentschutz in Frage kommt. Erforderlich ist nur, daß der betr. Teil der Arbeit dient, die von der Maschine verrichtet wird, daß der Erfindungsgedanke sich in der Form verkörpert und daß die Form eine allgemein verständliche und einfache ist. (RG. vom 21. Septbr. 1907 RGZ. 66, 313; PMZBl. 14 [1908] 31; JW. 1907, 680; ZJndR. 2, 263).

5. Förderung des Arbeits- oder Gebrauchszweckes durch die körperliche Benutzung des Gegenstandes muß die Aufgabe des neuen Modelles sein. Diese Förderung muß sich auf die naturgemäße Funktion des Gegenstandes oder deren Ausstrahlungen beziehen. (Aehnlich Seligsohn N. 8 zu § 1, s. aber Cantor N. 24 zu § 1 S. 134). Nicht nötig ist, daß die Förderung in wirtschaftlicher oder technischer Hinsicht erfolgt; jede beliebige Förderung genügt, so z. B. größere Annehmlichkeit im Gebrauche. (RG. vom 10. Oktbr. 1910 MarkenS. u. W. 10, 152). Ob die erstrebte Förderung eine erhebliche ist und ob tatsächlich der gewollte Erfolg überhaupt, für die Dauer oder nur vorübergehend erreicht wird, ist für die Frage der Schutzfähigkeit dann bedeutungslos, wenn der Gegenstand an sich geeignet ist, dem Gebrauchszwecke zu dienen. (RG. vom 16. Febr. 1901 RGZ. 48, 21; RG. vom 16. Novbr. 1908 LZ. 3, 146; RG. vom 19. Oktbr. 1910 MarkenS. u. W. 10, 152).

Unerheblich ist auch der Umstand, ob der Zweck billigenswert oder allgemein nützlich erscheint; deshalb ist auch ein Spielzweck als Gebrauchszweck anzusehen, deshalb sind Spielwaren dann als Gebrauchsmuster schutzfähig, wenn die neue Idee sich auf die körperliche Form und die Art der Verwendung bezieht (OLG. Jena vom 18. Jan. 1910 Thür. Bl. 57, 272). — Mit der Erfindung verbundene Nachteile schließen die Schutzfähigkeit nicht aus. (OLG. Dresden vom 15. Juni 1909 SeuffArch. 65, 27; Recht 1910, 1667). Auf das Erfordernis der Förderung des Gebrauchszweckes ist besonderer Wert deshalb zu legen, weil hiermit in vielen Fällen die Abgrenzung gegenüber dem sog. Geschmacksmusterschutz gegeben wird; daher sind regelmäßig Schmuckgegenstände vom Gebrauchsmusterschutz ausgeschlossen, insbesondere aber Gestaltungen an solchen, welche nur die Schmuckwirkung erhöhen sollen. (RG. vom 27. Novbr. 1895 RGZ. 36, 57; PMZBl. 2 [1896] 61).

Als gebrauchsmusterschutzfähig wurden erklärt: „Kittelartige Knabenschürzen mit einem der Militäruniform nachgebildeten Aufputz" (RG. I vom 19. März 1906 RGSt. 38, 392). Dagegen wurden gelöscht Gebrauchsmuster auf „Borde mit durch Schnürchen gebildeten plastischen Dessins" zum Zwecke einen schönen, dekorativen Effekt zu erzielen (RG. vom 5. Juli 1899 PMZBl. 6 [1900] 70); durchsichtige ursprünglich farblose Hornknöpfe mit aufgefärbten durchsichtigen Farben, welche sich über den ganzen Knopf oder nur über Teile desselben erstrecken, so daß diese durchsichtig gefärbten Hornknöpfe mit der Farbe und dem Muster des Kleiderstoffes, worauf sie befestigt werden, einen komplizierten Farben- und Mustereffekt geben (OLG. Jena vom 13. Jan. 1903 PMZBl. 9 [1903] 234); Ansichtspostkarten, die bei durchscheinendem Lichte ihre Farbe ändern (RG. vom 29. Oktbr. 1900 PMZBl. 7 [1901] 42; GewRSchutz 6, 191; JW. 1900, 841).

Die Absicht, eine leichtere Verkäuflichkeit des Gegenstandes zu erzielen, stellt keine Förderung des Gebrauchszweckes dar; dieser kann aber durch die billigere Herstellung eines Gegenstandes erreicht werden, falls die sonstigen in Betracht kommenden Eigenschaften des Gegenstandes hierdurch keine Veränderung erfahren. (RG. vom 24. Septbr. 1898 PMZBl. 4 [1898] 234; JW. 1898, 612).

Die Annahme einer Förderung des Gebrauchs- usw. Zwecks wird nicht dadurch ausgeschlossen, daß nach anderer Richtung hin sich aus der Neuerung Nachteile ergeben. (RG. vom 16. April 1902 JW. 1902, 317).

6. Gestaltung, Anordnung, Vorrichtung. Keine sich absolut ausschließende Begriffe; die Grenze ist oft sehr schwer zu ziehen.

Gestaltung ist das körperliche Produkt der auf die äußere Form eines Gegenstandes einwirkenden Tätigkeit. Die neue Gestaltung wird meist durch Veränderung der bekannten Form eines Arbeitsgerätes oder Gebrauchsgegenstandes entstehen, um sie für die technische Verwendung zu einem neuen Zweck geeignet zu machen, z. B. eckige Form eines Bleistiftes statt der runden.

Anordnung ist die Gruppierung von körperlichen Teilen eines Arbeitsgerätes oder Gebrauchsgegenstandes zu einem bestimmten technischen Zwecke.

Vorrichtung ist ein körperliches Hilfsmittel an einem Arbeitsgeräte oder Gebrauchsgegenstande zur Erreichung des Arbeits- oder Gebrauchszweckes.

Die Formveränderung muß von einer gewissen Erheblichkeit, in die Augen fallend sein. Sind die Unterschiede der neuen Form von der früheren so minutiös, daß sie kaum oder gar nur mikroskopisch zu erfassen sind, so liegt keine neue Gestaltung vor. (RG. vom 22. Mai 1909 RGZ. 71, 195). — Auch geringfügige Abänderungen können schutzfähig sein, wenn sie eine Steigerung des Gebrauchswertes des Gegenstandes bewirken und der Verkehr darin einen neuen Gebrauchsgegenstand sieht. (RG. vom 22. Mai 1907 RGZ. 71, 195). — Aufdruck geschäftlicher Anzeigen auf Briefumschläge ist keine „Gestaltung". (LG. Leipzig in ZIndR. 3, 36).

Wesentlich ist, daß die Gestaltung usw. neu ist. In dem Weglassen eines oder mehrerer Bestandteile eines bekannten Gebrauchsgegenstandes kann eine neue Gestaltung liegen. (OLG. Cassel vom 28. Febr. 1898 PMZBl. 4 [1898] 107).

Die Verwendung eines bekannten Modelles zu einem neuen Zwecke genügt nicht. (RG. vom 15. Jan. 1902 RGZ. 50, 126; RG. vom 3. April 1909 LZ. 1909, 547). — Wird aber ein neuer technischer Erfolg dadurch erzielt, daß ein bekanntes Modell einem anderen Zwecke durch entsprechende Gestaltung usw. angepaßt wird, so liegt eine neue Gestaltung usw. im Sinne des § 1 vor. (RG. vom 15. Jan. 1902 RGZ. 50, 124). — Eine neue schutzfähige Gestaltung wurde in dem Schaffen eines Gebrauchsgegenstandes aus einem Stück des betr. Materials gefunden, das bisher aus verschiedenen Stücken zusammengesetzt war. (RG. vom 19. Juni 1897 JW. 1897, 474; RG. vom 30. Jan. 1899 RGSt. 32, 4). Die Kombination bekannter Elemente kann dann eine schutzwürdige Gestaltung usw. darstellen, wenn damit ein besonderer Erfolg für die Förderung des Gebrauchs- usw. Zweckes erzielt werden kann (RG. vom 24. Septbr. 1898 PMZBl. 4 [1898] 234), und die Zusammensetzung auch in der äußeren Formgebung etwas neues bietet, einerlei ob die Neuheit der Gestaltung in der Gestaltung der zusammengefügten Teile oder in der Art ihrer Verwendung liegt. (RG. vom 23. Oktbr. 1895 RGZ. 36, 15; PMZBl. 2 [1896] 10). — Die Frage, ob in der gebrauchsdienlichen Wahl eines anderen Stoffes oder einer anderen Farbe bei der Herstellung eines Arbeits- usw. Gerätes ohne Formänderung eine neue Anordnung gefunden werden kann, war lange streitig. Gegen das Reichsgericht hatte die Literatur den Standpunkt vertreten, daß die Verwendung eines bestimmten Materials schutzfähig ist, wenn die Neuerung darin liegt, daß gerade durch die Stoffwahl der Gebrauchs- usw. Zweck gefördert wird, und wenn die Wahl des Stoffes sich nicht ohne weiteres für einen Sachverständigen ergibt. Das Reichsgericht nimmt jetzt auch diesen Standpunkt ein. (RG. vom 19. Febr. 1898 RGZ. 41, 37; PMZBl. 4 [1908] 105). Hinzukommen muß aber, daß, wenn die Wahl des neuen Stoffes nicht eine besondere, von der bisher benutzten Form abweichende Ausgestaltung des Modelles bedingt, der Stoff selbst ein raumausfüllendes, gestaltendes Element darstellt. (RG. vom 23. Dezbr. 1908 RGZ. 70, 160). Die Verwendung des Stoffes als solche ist also nicht geschützt. (S. N. 3). — Als schutzfähig wurden z. B. bezeichnet: Gipsformen zur Herstellung von Schokoladefiguren mit einem Fettlacküberzug, weil dieser gegenüber dem bisher gebräuchlichen Spirituslack besondere Vorteile bietet (OLG. Bamberg vom 17. Juni 1905 PMZBl. 11 [1905] 245), Schuhleisten aus Aluminium (RG. vom 16. Febr. 1901 RGZ. 48, 20; PMZBl. 7 [1901] 214).

Literatur zu dieser Frage s. bei Seligsohn N. 6 zu § 1 und Isay N. 23 zu § 1, der zutreffend darauf aufmerksam macht, daß die eben erörterte Frage von der weiteren scharf zu trennen ist, ob in der Ersetzung eines Stoffes durch einen anderen eine Erfindung zu erblicken ist. Den Judikaturangaben bei Seligsohn und Isay ist nachzutragen: RG. vom 2. Oktbr. 1909 LZ. 1909, 788; MarkenS. u. W. 9, 197; Recht 1909, 3483; RG. vom 23. Dezbr. 1908 RGZ. 70, 160; Recht 1909, 582; LZ. 3, 234; OLG. Dresden vom 18. Febr. 1910 SächsArch. 10, 267; Recht 1910, 3509.

Die Wahl einer neuen Farbe ist nur schutzfähig, wenn hierdurch eine technische und dem bestimmungsgemäßen Gebrauchszwecke dienliche Wirkung erzielt wird. (OLG. Jena vom 3. Jan. 1903 PMZBl. 9 [1903] 234; DJZ. 1903, 324). Das Färben selbst ist nicht schutzfähig, ebenso nicht die Benutzung der in der Farbe liegenden Möglichkeit, als Unterscheidungsmittel zu dienen.

7. Neuheit.

In dem schutzfähigen Gebrauchsmuster muß ein gewisser selbständiger, neuer, also schöpferischer Erfindungsgedanke, der einen technischen Fortschritt bezweckt, zum Ausdruck gelangen. Der Erfindungsgedanke ist aber nicht an sich gebrauchsmusterschutzfähig, sondern nur, soweit er in einer bestimmten Gestaltung usw. neu im Modell dargestellt ist (s. Vorbemerkung I S. 8, 10). (RG. vom 11. Oktober 1899 PMZBl. [1900] 31). Der erfinderische Gedanke braucht weder kompliziert zu sein, noch in der Ueberwindung besonderer Schwierigkeiten zu bestehen. Auch geringfügige Unterschiede gegenüber dem bisher Bekannten können ausreichend sein. Dies ist besonders wichtig für das Gebiet der Feinmechanik, wo oft unscheinbare Abänderungen den Verwendungszweck beeinflussen (RG. vom 22. Februar 1896 JW. 1896, 192; RG. vom 15. Januar 1898 JW. 1898, 171; PMZBl. 4 [1899] 86). Eine gewisse Erfindertätigkeit muß aber immer vorhanden sein, wenn auch bei Gebrauchsmustern an den Erfindungsgedanken weit geringere Anforderungen gestellt werden, als beim Patentschutze. Daher ist die bloße Zusammenstellung bekannter Einrichtungen oder Elemente ohne jeden besonderen — eigenartigen — Erfolg für die Förderung des Gebrauchs- usw. Zweckes nicht schutzfähig, da sie bloß eine Summierung bekannter Wirkungen schafft. (RG. vom 6. Mai 1908 LZ. 1908, 600; PMZBl. 14 [1908] 262).

Die Neuerung kann auch auf bereits betretenen Bahnen in der Weiterbildung des schon vorher Bekannten gefunden werden, wenn in der speziellen Formengebung ein Gedanke zutage tritt, der so fortentwickelt ist, daß ihm die Selbständigkeit und Eigentümlichkeit nicht abgesprochen werden kann. Deshalb sind auch Konstruktionsverbesserungen meistens schutzfähig. — Die Anpassung eines Modelles an neuen Zweck ist dann nicht schutzfähig, wenn sie sich aus dem neuen Verwendungszweck von selbst ergibt (OLG. Düsseldorf in ZIndR. 3, 47), so daß auch von einer geringen erfinderischen Tätigkeit nicht gesprochen werden kann (vgl. RG. vom 2. Febr. 1907 PMZBl. 14 [1908] 18); sie ist dann aber schutzfähig, wenn das bekannte Modell für einen neuen Zweck entsprechend umgestaltet wird. (RG. vom 3. Novbr. 1911 PMZBl. 18 [1912] 32). Eine schutzfähige Anpassung wurde in der Verwendung einer bei großen Maschinen bekannten Vorrichtung auf kleinere Apparate gesehen (OLG. Braunschweig vom 12. Mai 1899 PMZBl. 5 [1899] 306; RG. vom 15. Jan. 1902 RGZ. 50, 124). — Auch das Weglassen eines Teiles kann schutzfähig sein, wenn derselbe nicht nur von nebensächlicher Bedeutung ist und durch das Weglassen ein Fortschritt erzielt wird (OLG. Cassel vom 28. Febr. 1898 PMZBl. 4 [1898] 107; Kohler, Musterrecht S. 90). — Bisher nicht benutzte Formen sind nur dann schutzfähig, wenn sie sich nicht ohne weiteres aus den bisher bekannten Formen ergeben. Schwierig ist aber bei Formverbesserungen die Grenze zu finden, wo die handwerksmäßige Weiterbildung aufhört und die schutzfähige Verbesserung beginnt. Das gleiche hat von Maßveränderungen zu gelten.

Der erzielte Fortschritt muß gewerblich verwertbar sein; ein rein gedanklicher Vorteil genügt nicht (OLG. Stuttgart in SeuffArch. 65, 75). Dieses im PatG. aufgestellte Erfordernis fehlt zwar im § 1 GebrMG., liegt aber in dem Wesen des Gebrauchsmusterschutzes begründet. (Vgl. auch Isay Anm. 49 zu § 1).

Für den Begriff der Neuheit des Modelles ist es an sich unerheblich, daß die gleiche Einrichtung für andere Zwecke und an anderen Gebrauchsgegenständen bereits bekannt war. (RG. vom 20. Mai 1898 PMZBl. 4 [1898] 125). — Die Gefahr der Verwechslung bildet kein rechtliches Kriterium für den Begriff der Neuheit. (RG. vom 16. April 1903 PMZBl. 9 [1903] 171).

Nur die objektive „Neuheit" ist für die Schutzgewährung entscheidend, d. h. nur der Umstand, daß die Erfindung bisher tatsächlich noch nicht bekannt war, resp. nicht als bekannt zu gelten hat. Die subjektive Ansicht des Erfinders, seine Ueberzeugung, daß die Erfindung „neu" sei, seine Unkenntnis des anderweitig bereits Bekannten kommt nicht in Betracht.

Schutz von Kombinationen. Unter Kombination im technischen Sinne bei einem Gebrauchsmuster ist die — noch nicht bekannte — Verbindung mehrerer neuer oder bekannter Elemente durch eine neue Gestaltung usw. zu verstehen, die neue, eigenartige Wirkungen erzielt. Geschützt sind nicht die einzelnen Elemente, sondern nur ihre Vereinigung, die originelle Zusammensetzung, durch welche die eigenartige Wirkung bedingt und erzielt wird. Die Elemente der Kombination müssen in bestimmter eigenartiger Weise ineinandergreifen, um die Wirkung hervorzubringen. (OLG. Bamberg vom 24. Jan. 1907 PMZBl. 14 [1908] 33; RG. vom 14. Dezbr. 1896 PMZBl. 3 [1897] 97; RG. vom 23. Febr. 1898 JW. 1898, 248; RG. vom 24. Septbr. 1898 JW. 1898, 612; RG. vom 20. Febr. 1907 und RG. vom 6. Mai 1908 PMZBl. 14 [1908] 18 und 262; RG. vom 27. Mai 1908 JW. 1908, 498).

8. Vom Schutze ausgeschlossen sind Modelle, deren bestimmungsgemäßer Gebrauch oder deren Gestaltung einen Verstoß gegen gesetzliche Vorschriften oder die guten Sitten darstellen würde.

Das GebrMG. enthält keine diesbezügliche Bestimmung, jedoch nimmt die herrschende Meinung (s. Cantor S. 104; Kohler, Musterrecht S. 77; Seligsohn N. 9 zu § 1; vgl. aber auch Kent N. 353 zu § 1 PatG.; LG. Leipzig vom 27. Oktbr. 1896 PMZBl. 3 [1897] 159) die Schutzunfähigkeit solcher Gegenstände in analoger Anwendung des § 1 Abs. 2 PatG. an, da der Staat nicht die monopolartige Ausbeutung von Gebrauchsmustern gewähren resp. sicherstellen könne, die gesetz-

oder sittenwidrig erfolge. (A. A. Osterrieth, Lehrbuch S. 171, und jetzt Isay N. 2 zu § 1).

Die herrschende Meinung schließt auch menschliche Nahrungs-, Genuß- und Arzneimittel gemäß § 1 Abs. 2 PatG. vom Gebrauchsmusterschutz aus (Isay N. 11 zu § 1; Cantor S. 104); Seligsohn (N. 9 zu § 1) spricht allgemein von Genuß- usw. -Mitteln, schließt also damit solche für Tiere aus, deren Schutzfähigkeit aber von Isay (N. 53 zu § 1 PatG.) und Cantor ausdrücklich betont wird. M. E. sind aber auch menschliche Nahrungs-, Genuß- und Arzneimittel des Gebrauchsmusterschutzes fähig und zwar aus Gründen, die zweckmäßig im Anschluß an das Urteil des RG. vom 29. Jan. 1900 (PMZBl. 6 [1900] 85) erörtert werden. Dieses spricht aus, daß Nahrungs- und Genußmittel nicht musterschutzfähig sind. Der zur Entscheidung stehende Fall lag kurz so:

Körnerfrüchte sollten, um eine längere Aufbewahrung derselben zu ermöglichen, mit einer unlöslichen, geschmacklosen Lackumhüllung umgeben werden. Das RG. stützt seine Entscheidung auch darauf, daß Nahrungsmittel usw. vom Patentschutze ausgeschlossen sein sollen, um die Möglichkeit einer Monopolisierung auf diesem für die Volkswirtschaft wichtigen Gebiete zu verhindern. Wenn nun auch der Gebrauchsmusterschutz zeitlich viel begrenzter sei als der Patentschutz, so würde es doch dem Sinne des GebrMG. nicht entsprechen, den Schutz der sog. kleinen Erfindungen auch auf solche Gegenstände zu erstrecken, für die nach dem PatG. im Interesse der allgemeinen Wohlfahrt ein Ausschlußrecht nicht begründet werden solle. Das GebrMG. sei daher in dieser Beziehung einschränkend auszulegen. Diese Ausführungen dürften nicht als zutreffend zu erachten sein, besonders weil der Grund, aus dem man Nahrungs- usw. -Mittel vom Patentschutz ausgeschlossen hat, nicht stichhaltig ist. Denn durch den Patentschutz wird nach allgemeinen Erfahrungsregeln die Herstellung und der Absatz eher gesteigert als gehindert und den Bedürfnissen der Allgemeinheit infolge der Verbesserungen, welche Erfindungen regelmäßig bezwecken, gedient. Sollte eiue gewisse Verteuerung eintreten, dann wird diese durch die errungenen Vorteile wettgemacht. Dazu kommt, daß auch das Verfahren zur Herstellung der Genuß- usw. -Mittel Gegenstand des Patentschutzes werden kann, und daß gerade das Herstellungsverfahren bei diesen Gegenständen besonders wichtig erscheint und meistens durch dieses eine Verteuerung resp. Monopolisierung, der angeblich durch § 1 Abs. 2 PatG. entgegengewirkt werden soll, möglich wird.

Da diese Ausnahme sich somit als eine unbegründete und unberechtigte gesetzliche Beschränkung des Erfinderrechtes darstellt, ist sie so eng als möglich auszulegen. (Vgl. Kohler, Lehrbuch S. 66).

Man wird daher nicht allein deshalb, weil das PatG. diese Einschränkung enthält, sie auf das GebrMG. in analoger Anwendung ausdehnen können. Dazu kommt, daß das RG. in dem obenerwähnten Falle seine Entscheidung sicherlich mit Grund nicht darauf hat stützen können, daß ein Gebrauchsmusterschutz deshalb unzulässig sei, weil eine Monopolisierung auf diesem Gebiete verhindert werden müsse. Denn dadurch, daß die Möglichkeit geschaffen werden sollte, Körnerfrüchte auf längere Zeit, als es ihre natürliche Beschaffenheit regelmäßig zuläßt, aufzubewahren, wird keine Verteuerung der zur Lebenshaltung unentbehrlichen Körnerfrüchte bewirkt. Der volkswirtschaftliche Zweck der fraglichen Gebrauchsmustererfindung war wohl gerade der entgegengesetzte. Dem Gebrauchsmuster lag doch offensichtlich die Idee zugrunde, einen Ausgleich zu schaffen zwischen solchen Zeiten, die einen Ueberfluß an Brotfrüchten usw. brachten und Perioden, in denen die Ernte oder deren Qualität gering ist, in denen also der Preis zu steigen pflegt. Der Ausschluß der Nahrungs- usw. -Mittel vom Gebrauchsmusterschutz aus den angeführten Gründen ist auch praktisch um deswillen gänzlich bedeutungslos, weil durch Warenzeichen eine viel ausgiebigere Monopolisierung resp. Verteuerung dieser Gegenstände zu erreichen ist.

Man wird daher, da Nahrungs-, Genuß- und Arzneimittel zu den Gebrauchsgegenständen zu rechnen sind, falls im übrigen die Voraussetzungen des § 1 vorliegen, sie als schutzfähig ansehen müssen.

Verbandstoffe, künstliche Gliedmaßen, Brillen usw. sind keine Arzneimittel.

Abs. 2.

9. Die Bedeutung des Abs. 2 ist nicht die, daß er nur exemplifizierend neuheitsschädliche Umstände angibt, sondern:

wenn keiner der Fälle des § 1 Abs. 2 vorliegt, ist ein Modell „neu". (So auch: Kohler, Musterrecht S. 78; Seligsohn N. 7 b zu § 1 und jetzt auch Isay N. 20 zu § 1; RG. vom 11. April 1896 RGZ. 37, 38; a. A. Cantor S. 249). Aus dem Zwecke dieser Vorschrift, die Sicherheit des Verkehrs zu gewährleisten, folgt, daß es gegen die Fiktion des Abs. 2 keinen Gegenbeweis gibt. (Isay N. 2 § 1 PatG.).

10. Die Neuheit wird nur in dem Zeitpunkte — Tag, nicht Stunde usw. — der Anmeldung verlangt. (Hierüber vgl. § 27 VO. vom 11. Juli 1891 S. 131). — Aus den Worten: „auf Grund dieses Gesetzes" kann nicht gefolgert werden, daß eine Anmeldung, die den gesetzlichen Vorschriften nicht entspricht, also die Beseitigung von Mängeln erfordert, erst mit dem Zeitpunkte der Beseitigung derselben den für die „Neuheit" bestimmenden Zeitpunkt ergibt. Bei rechtzeitiger Abstellung der Mängel ist vielmehr die Zeit der Anmeldung entscheidend. (Vgl. Isay N. 3 zu § 2 PatG.).

11. Druckschrift. — Im Anschluß an § 2 PreßG. vom 7. Mai 1874 sind darunter zu verstehen, alle Erzeugnisse der Buchdruckpresse, sowie alle anderen durch mechanische oder chemische Mittel bewirkten, zur Verbreitung bestimmten Vervielfältigungen von Schriften und bildlichen Darstellungen mit oder ohne Schrift. Oeffentlich ist eine Druckschrift dann, wenn sie einem größeren, nicht beschränkten Kreise von Personen tatsächlich zugänglich geworden ist. Daher ist m. E. die Frage, ob Vervielfältigungen mittels Schreibmaschine, Zyklostile, Hektograph usw. als Druckschriften anzusehen sind, nicht allgemein, wie dies gewöhnlich geschieht, zu entscheiden, sondern nur von Fall zu Fall. Zu berücksichtigen ist dabei, daß bei der Verwendung dieser Vervielfältigungsmittel für Schriftwerke, die nicht der geschäftlichen Propaganda usw. dienen und nicht einen gewissen schöpferischen Inhalt haben, die Wahrscheinlichkeit nicht dafür spricht, daß diese einem größeren Kreise unbestimmter Personen zugänglich gemacht werden sollen resp. gemacht worden sind, da sie im Gegensatz zu solchen, regelmäßig mit der Druckerpresse hergestellten Druckschriften, die ja auch — Geschäftspapiere ausgenommen — regelmäßig im Buchhandel erscheinen, nicht für jedermann leicht zu erhalten oder auf Bibliotheken usw.

einzusehen sind. — Entgeltlichkeit des Erwerbs seitens des Publikums ist kein Kriterium für das Vorliegen einer öffentlichen „Druckschrift“. Auch eine unentgeltlich verbreitete Druckschrift ist als eine öffentliche anzusehen. Vervielfältigungen durch Hektographen und Zyklostile halten Isay (N. 6 zu § 2 PatG.) und Seligsohn (N. 7 zu § 2 PatG.) für Druckschriften, nicht aber Kent (N. 8 zu § 2 PatG.) und Kohler (Handbuch S. 183). Mit Schreibmaschine hergestellten Schriften wird allgemein die Druckschriften-Eigenschaft abgesprochen. Es ist aber nicht einzusehen, inwiefern ein Schreibmaschinendurchschlag sich in der hier fraglichen Hinsicht von einem Hektographenabzug unterscheiden soll. Prospekte, Kataloge, Zirkulare sind öffentliche Druckschriften, wenn sie an einen unbestimmten Personenkreis in erheblicher Zahl versandt worden sind. Ist die Verbreitung nur innerhalb eines bestimmten Interessentenkreises erfolgt, dann kommt es auf die Zahl an (RG. vom 21. Juni 1899 JW. 1899, 542; SeuffArch. 55, 99). — Unerheblich ist es, ob die Druckschrift im In- oder Auslande und wann sie erschienen ist. Die Beschränkung des Patentgesetzes auf 100 Jahre besteht für das Gebrauchsmusterrecht nicht!!

12. Beschreibung. Die Schilderung muß in der öffentlichen Druckschrift so klar und vollständig sein, daß sich daraus schon das „Neue“ (Eigenartige) des Modelles für Sachverständige unzweideutig entnehmen läßt. Andeutende Bemerkungen, oder solche, welche den springenden Punkt nicht treffen, genügen nicht. Zu beachten ist dabei, daß das GebrMG. den Erfindungsgedanken als solchen nicht schützt, sondern nur die spezielle Formgebung (s. S. 8, 10). — Abbildungen stehen der Beschreibung gleich. Gerade im Hinblick darauf, daß das Gesetz dieses Neuheitserfordernis fingiert und keiner Zeitbeschränkung unterwirft, muß man die Ansprüche an die neuheitsschädlichen Vorveröffentlichungen sehr hoch stellen und nur ganz zweifelsfreien Beschreibungen diese Wirkung zuerkennen.

13. Offenkundige Benutzung. (S. § 4 und die Erläuterungen dazu). — Erforderlich ist die Benutzung einer „modellidentischen Gestaltung“; Versuche mit einem unfertigen Erfindungsobjekt stellen keine „Benutzung“ dar. (Cantor S. 300).

Erläuterungen und Beschreibungen des Modells stellen keine Benutzung dar, auch nicht die Anfertigung von bildlichen und körperlichen Darstellungen desselben. So die herrschende Meinung; anders Isay (N. 11 zu § 2 PatG., s. da auch Literatur und Rechtsprechung). — Handelt es sich nur um die Benutzung einer zufällig gleichen Gestaltung, ohne daß deren Zweck und Wirkung erkannt worden ist, so liegt keine neuheitsschädliche Benutzung vor. (OLG. Dresden vom 15. Juni 1909 SeuffArch. 65, 27; RG. vom 9. April 1910 MarkenS. u. W. 10, 179; Isay N. 12 zu § 2 PatG.; a. A. Kent N. 78 zu § 2 PatG.).

Die Benutzung muß offenkundig geworden sein; damit ist gesagt, daß die Benutzung nicht öffentlich erfolgt zu sein braucht. Offenkundig ist die Benutzung dann, wenn sie nur einer unbestimmten Zahl von Personen ohne Pflicht der Geheimhaltung die Kenntnis von der neuen Gestaltung des Modelles vermittelt. Die Wahrnehmbarkeit durch Angestellte ist nach der herrschenden Ansicht nur dann nicht neuheitsschädlich, wenn diese zur Geheimhaltung besonders verpflichtet werden oder sie sich nach Lage der Sache hierzu für verpflichtet halten. (RG. vom 24. Mai 1900 PMZBl. 7 [1901] 12; RG. vom 11. März 1905 PMZBl. 11 [1905] 161; PatA. vom 29. März 1909 MarkenS. u. W. 9, 397). Dagegen spricht sich mit Recht Isay N. 16 zu § 2 aus, der ausführt, daß alles, was innerhalb einer Fabrik geschieht, grundsätzlich nicht zur Kenntnisnahme für andere bestimmt, also nicht offenkundig ist. Dem wäre noch hinzufügen, daß ein neues Modell usw. als Geschäftsgeheimnis im Sinne der §§ 17 ff. UnlWG. anzusehen ist und daher der Angestellte schon gesetzlich zu dessen Wahrung verpflichtet ist. Wichtig ist auch § 18 UnlWG. (s. Wertheimer LZ. 10, 724; MarkenS. u. W. 9, 79; GewRschutz 1910, 244).

Eine offenkundige Benutzung liegt dann nicht vor, wenn geeignete Maßregeln getroffen worden sind, um Personen, die nicht zur Geheimhaltung verpflichtet sind, die Gelegenheit zur Kenntnisnahme des Modells zu verwehren. Es ist unschädlich, wenn diese Maßregeln im einzelnen Falle versagen. Nur eine solche offenkundige Benutzung ist neuheitsschädlich, welche für Sachverständige die Möglichkeit der Nachbenutzung eröffnet. Wenn das GebrMG. dies auch nicht wie das

PatG. vorschreibt, so ist man doch allgemein darüber einig, daß dieses Erfordernis auch für Gebrauchsmuster gilt. In der Schaustellung auf Ausstellungen liegt offenkundige Benutzung; Schutz dagegen gewährt das RGes. vom 18. März 1904 (s. S. 161).

§ 2.

Modelle, für welche der Schutz als Gebrauchsmuster verlangt wird, sind bei dem Patentamt schriftlich anzumelden.

Die Anmeldung muß angeben, unter welcher Bezeichnung das Modell eingetragen werden und welche neue Gestaltung oder Vorrichtung dem Arbeits- oder Gebrauchszweck dienen soll.

Jeder Anmeldung ist eine Nach- oder Abbildung des Modells beizufügen.

Ueber die sonstigen Erfordernisse der Anmeldung trifft das Patentamt Bestimmung.

Gleichzeitig mit der Anmeldung ist für jedes angemeldete Modell eine Gebühr von fünfzehn Mark einzuzahlen.

1. Der Anmelder muß geschäftsfähig sein, sonst ist die Anmeldung und die daraufhin erfolgte Eintragung nichtig. (PatA. vom 14. April 1902 PMZBl. 8 [1902] 204).

2. Die Anmeldung muß in deutscher Sprache erfolgen (§ 34 PatG.) und handschriftlich unterzeichnet sein; eine durch Faksimile oder auf sonstigem mechanischem Wege hergestellte Unterschrift genügt nicht (RGZ. 36, 375; 46, 375) und macht die Anmeldung unwirksam.

3. Inhalt der Anmeldung.

a) „Bestimmungen über die Anmeldung von Gebrauchsmuster" trifft die Bekanntmachung des Patentamtes vom $\frac{\text{22. November 1898}}{\text{3. Februar 1904}}$, s. Anlage II und die „Erläuterungen" dazu vom gleichen Datum, s. Anlage III (S. 132 ff., 134 ff.).

b) Formular und Beispiel für eine Gebrauchsmusteranmeldung s. Anlage IV (S. 138).

Die „Bestimmungen" sind gemäß § 2 Abs. 4 GebrMG. erlassen; da sie sich in dem gegebenen Rahmen halten, kommt ihnen Gesetzeskraft zu. Den „Erläuterungen" kommt nur dispositiver Charakter zu.

c) Im einzelnen sei noch bemerkt:

α) Die Bezeichnung wird nach erfolgter Eintragung veröffentlicht. Aus derselben sollen die beteiligten Verkehrskreise entnehmen können, ob ein Anlaß zur Einsicht der Anmeldung (§ 3 Abs. 5) vorliegt. Regelmäßig braucht die Bezeichnung nur die engere Gattung von Gegenständen, eine Gruppe von Vorrichtungen zu kennzeichnen, zu denen das Modell gehört. Es können aber auch nähere Merkmale zur Kennzeichnung der besonderen Eigentümlichkeiten des Modells angegeben werden. Eine erschöpfende Begriffsbestimmung ist nicht erforderlich. (RG. vom 25. Septbr. 1902 PMZBl. 9 [1903] 43; RGSt. 35, 348). — Die Fassung der Bezeichnung soll kurz und möglichst stichwortartig sein. Die Anmeldestelle unterstützt den Anmelder mit Vorschlägen zur zweckentsprechenden Fassung der Bezeichnung. Diese kann, muß aber nicht die Angabe des Neuen des Modells enthalten. (PatA. vom 3. Febr. 1904 PMZBl. 16 [1910] 38).

β) Die Angabe des Neuen in dem Anmeldungsgesuche resp. der demselben beigefügten Beschreibung, der „Bezeichnung", ist notwendig und maßgebend für den Schutz und dessen Tragweite. (RG. vom 26. Mai 1898 RGZ. 33, 99; vgl. auch daselbst S. 115). Sie kann später nicht in einer den Schutzumfang ändernden Weise ergänzt oder berichtigt werden. Fehlt diese Angabe, so ist mangels Schutzfähigkeit die Löschungsklage (§ 6 Abs. 1, 4, 3, 2 Abs. 2) möglich (OLG. Dresden SächsRpfl. 10—31).

Scheinen einzelne Teile der Anmeldung nicht übereinzustimmen, so ist davon auszugehen, daß das Modell nur in der angegebenen neuen Gestaltung schutzfähig ist. (Vgl. auch Präsidialbescheid des PatA. vom 2. Juni 1902 PMZBl. 8 [1902] 210).

γ) Zweckmäßig wird die „Angabe des Neuen" in einem Schutzanspruch zusammengefaßt (s. Erläuterungen S. 137

Anl. III Ziff. 4). Das Gesetz selbst schreibt die Beifügung eines solchen nicht vor. Ist ein Schutzanspruch vorhanden, dann kann angenommen werden, daß er das „Neue“ enthält. Trotzdem ist er für den Schutzumfang des Gebrauchsmusters nicht maßgebend und kann daher allein der Auslegung des Gebrauchsmusters nicht zugrunde gelegt werden. Soweit eine solche erforderlich ist, muß sie immer den gesamten Inhalt der Anmeldung einschließlich der Zeichnungen, der Beschreibung 2c. berücksichtigen. (RG. I vom 14. Jan. 1903 PMZBl. 10 [1904] 16; RG. I vom 3. Novbr. 1908 LZ. 08, 857; MarkenS. u. W. 8, 108; s. § 4 N. 11). Dem Hauptschutzanspruch können zum Schutze möglicher Aenderungen in der Ausführung auch Neben- oder Unteransprüche zugefügt werden. (RG. vom 20. März 1901 RGZ. 48, 73; PMZBl. 7 [1901] 218; Heimann, Mttlg. VDP. 8, 62). (S. § 7 N. 2 c).

δ) Die Beifügung einer Beschreibung (s. Anl. II § 3) steht lediglich im Ermessen des Anmelders. Sie empfiehlt sich im allgemeinen, schon wegen ihrer Wichtigkeit für die Prüfung des Schutzes durch Dritte. (Vgl. die Motive, Drucks. des Reichstages 1890/91 Bd. 3 Nr. 135 S. 11). Bei komplizierteren Gegenständen oder wenn mehrere Ausführungsformen geschützt werden sollen (Cantor 405) ist sie kaum zu entbehren, so daß unter Umständen ohne Beschreibung das Modell nicht schutzfähig ist. (RGSt. I vom 2. April 1894 RGSt. 25, 214).

4. Aenderungen. „Abänderungen der in der Anmeldung enthaltenen Angaben werden in entsprechender Anwendung des § 20 Abs. 3 PatG. bis zur Eintragung in die Rolle zugelassen, sofern nicht etwa ein Ersatz des angemeldeten durch ein anderes Modell bezweckt wird. Abänderungen der in der Anmeldung enthaltenen Angaben nach Eintragung des Gebrauchsmusters sind unzulässig. (Präsidialbescheid des PatA. vom 2. Juni 1902 PMZBl. 8 [1902] 216).

Nachträge, die entweder nach der Eintragung oder so kurz vorher eingehen, daß sie bei deren Anordnung nicht mehr berücksichtigt worden sind, werden zu besonderem Verfahren verwiesen. Denn die Eintragung schützt das Modell nur so, wie es bei Erlaß der Eintragungsverfügung vorlag.

Eine Verweisung zu besonderem Verfahren erfolgt auch dann, wenn der Nachtrag — den Grundsätzen über Einheitlichkeit zuwider — neben dem ursprünglich angemeldeten ein weiteres Modell geschützt verlangt.

Zu dem besonderen Verfahren gehört eine gebührenpflichtige Neuanmeldung. Die Gesuche um Erteilung eines zusätzlichen Schutzes ohne Gebührenzahlung werden mangels einer gesetzlichen Grundlage abgewiesen.

Nachträgliche Eingaben, die ersichtlich nur eine Einschränkung des in der Anmeldung beanspruchten Schutzes enthalten sind während der ganzen Dauer der Schutzfrist zulässig." (Vgl. Mitteilungen aus dem Kaiserl. PatA., Anmeldestelle für Gebrauchsmuster, PMZBl. 1, 152).

Zum besonderen Verfahren verwiesene Nachträge dürfen für die Auslegung des Gebrauchsmusters nicht in Betracht gezogen werden (KG. vom 16. Novbr. 1907 ZIndR. 3, 60), hingegen kann dies mit einer vor der Eintragung vorgenommenen Berichtigung des Schutzanspruches geschehen. (RG. I vom 14. Jan. 1903 PMZBl. 10 [1904] 16).

Aenderungen, die den Schutzumfang beschränken, sind stets zulässig, soweit sie als Teillöschungsanträge möglich sind. (Präsidialbescheid des PatA. vom 2. Juni 1902 PMZBl. 8 [1902] 210).

Derartige Aenderungen werden besonders bei Eventual-Anmeldungen in Betracht kommen, um diese mit dem im Patent-Vorprüfungsverfahren festgestellten Stande der Technik in Einklang zu bringen.

5. Mit dem Anmeldungsgesuche können auch andere Anträge verbunden werden, z. B. wenn dem Gesuche aus besonderen Gründen (Prioritätswahrung) provisorische Unterlagen beigefügt wurden, so kann eine Frist zur Beibringung der ordnungsmäßigen Unterlagen erbeten werden; natürlich dürfen diese dann keine materielle Verschiedenheit gegenüber den zuerst eingereichten Unterlagen aufweisen.

6. Einheitlichkeit des Gebrauchsmusters, d. i. nicht Einheitlichkeit der zu schützenden Neuerung; darunter ist vielmehr der Grundsatz zu verstehen, daß die Anmeldung nur ein Modell zum Gegenstand haben darf. (Einheitlichkeit des Modelles).

Das Patentamt führt darüber (PMZBl. 1, 152) folgendes aus:

„In § 2 Abs. 2 und 3 des Gesetzes, betr. den Schutz von Gebrauchsmustern, vom 1. Juni 1891 wird vorausgesetzt, daß die Anmeldung nur ein Modell zum Gegenstand hat. Nach § 2 Abs. 5 ist für jedes angemeldete Modell die Gebühr von 15 Mk. zu zahlen. Für jede Anmeldung ist nach § 5 der Bestimmungen vom 31. August 1891 eine besondere Eingabe erforderlich. Demgemäß hat das PatA. den Gegenstand der Anmeldung auf Einheitlichkeit zu prüfen und, wo diese nicht vorhanden, Trennung zu verlangen.

Ueber die Einheitlichkeit des Modells sind folgende Grundsätze in Anwendung:

Daß die neue Gestaltung, Anordnung oder Vorrichtung (§ 1 Abs. 1, § 2 Abs. 2 a. a. O.) in einer einzelnen technischen Eigentümlichkeit bestehe, wird nicht erfordert. Vielfach liegt das Schutzfähige gerade nur in der zweckmäßigen Zusammenstellung mehrerer Eigentümlichkeiten, die in einer technischen notwendigen Beziehung zueinander nicht stehen. Deshalb wird die Einheitlichkeit des Modells dadurch nicht beeinträchtigt, daß in der Anmeldung eine Reihe von Merkmalen aufgezählt wird, für deren Vereinigung eine selbständige Wirkung nicht angegeben ist. Insoweit unterscheidet sich die Einheitlichkeit des Modells von der Einheitlichkeit einer patentfähigen Erfindung. Dies entspricht dem Fortfall der Prüfung von Gebrauchsmustern auf ihre Neuheit hin. Bei diesen kann das Patentamt eine Feststellung dahin, daß die einzelnen Merkmale schutzfähig seien, nicht treffen, und würde deshalb für den Fall, daß die Schutzfähigkeit lediglich durch die Gesamtgestaltung begründet wird, mit der Forderung der Trennung eine gänzliche Schutzlosigkeit herbeiführen.

Die Einheitlichkeit des Gebrauchsmusters ist sonach nicht sowohl eine Einheitlichkeit der beanspruchten Neuerung, sondern eine Einheitlichkeit des angemeldeten Gegenstandes.[1]) Werden der Anmeldung mehrere voneinander verschiedene Nachbildungen oder Abbildungen beigefügt, so liegen in der

---

[1]) Präsidialbescheide vom 13. Mai 1902 PMZBl. 8 (1902), vom 5. Dezbr. 1903, 18. August 1905 PMZBl. 9 (1903) 307; 11 (1905) 266.

Regel ebenso viele Gebrauchsmuster vor. Das Patentamt ist nicht befugt, zu prüfen, ob das diesen Modellen gemeinsame Merkmal und nicht vielmehr bloß die einzelnen Ausgestaltungen schutzfähig sind. Eine Ausnahme machen Gegenstände, die zueinander gehören, wie Haken und Oese, Messer und Gabel, ferner Gegenstände, die mit geringfügigen Abweichungen mehreren ähnlichen Verwendungszwecken dienen, wie Zigarren- und Zigarettenspitzen, endlich Gegenstände, deren Zusammenstellung man als Garnitur oder Kollektion bezeichnen kann, wie Halskette, Brosche, Ohrgehänge, Armband.

Wird nur ein Modell in Nach- oder Abbildung vorgelegt, so kann die Anmeldung gleichwohl eine Mehrheit von Modellen enthalten, wenn im Schutzanspruch mehrere Merkmale nicht neben-, sondern statt einander aufgeführt sind. Eine solche alternative Angabe wird in der Regel im Sinne einer Mehrheit von Modellen verstanden und eine Ausscheidung des betreffenden Merkmals aus dem Schutzanspruch verlangt. Allein es kommt nicht selten vor, daß die wesentliche Eigentümlichkeit des eingereichten Modells dadurch besonders hervorgehoben werden soll, daß die übrigen Merkmale als durch andere ersetzbar und somit als unwesentlich hingestellt werden. Kommt diese Meinung zu deutlichem Ausdruck, dann wird Einheitlichkeit des Modells angenommen."

Die in dem letzten Absatz vertretene Ansicht bezüglich mehrerer alternativ als neu angegebener Merkmale *eines* Modelles hat das Patentamt später aufgegeben. (PMZBl. 8 [1902] 119).

Der Standpunkt des Patentamtes unter Berücksichtigung der verschiedenen neuerlichen Präsidialbescheide ist jetzt folgender:

a) *Mehrere* Abbildungen ergeben eine *Mehrzahl* von Modellen, abgesehen von dem Ausnahmefall der Zusammengehörigkeit mehrerer Gegenstände zu einer Gebrauchseinheit, z. B. Messer und Gabel, Haken und Oesen.

b) *Eine* Abbildung ergibt *Einheitlichkeit* des Modells, auch wenn mehrere Schutzansprüche vorliegen.

Es wird also die zeichnerische Darstellung von mehreren Ausführungsformeu des Gebrauchsmusters nicht zugelassen und unter „*Einheit*", wie nochmals betont sei, *nicht die Beherrschung mehrerer Ausführungsformen durch* einen gemeinsamen Neuerungsgedanken verstanden.

Die Erwähnung beliebig vieler Modifikationen in der Beschreibung läßt das PatA. zu. Nur die zeichnerische Darstellung wird für unzulässig erachtet!! Gegen diese Auffassung des PatA. polemisieren mit Recht: Isay N. 5 zu § 2; Seligsohn N. 3 zu § 2; Kohler, Musterrecht S. 66 ff.; Wirth, Mttlg. VDP. 4, 423.

Es erübrigt sich aber diese Frage hier näher zu erörtern, weil es ein Rechtsmittel gegen die Präsidialbescheide des PatA. nicht gibt.

Das PatA. fordert den Anmelder unter Fristsetzung auf, die in der einen Anmeldung zusammengefaßten mehreren Modelle zum Gegenstand besonderer Anmeldungen zu machen. Entspricht der Anmelder derselben unter Wahrung der Frist, so kommt den abgezweigten Anmeldungen die Priorität der ersten Anmeldung zu (s. § 3 N. 7). Wird die Trennung nicht vorgenommen, so führt die mangelnde Einheitlichkeit zur Zurückweisung der ganzen Anmeldung. Sollte trotz mangelnder Einheitlichkeit eine Eintragung des Gebrauchsmusters erfolgt sein, so wird dessen Schutzfähigkeit dadurch nicht berührt. (RG. vom 19. Juni 1897 JW. 1897, 474; LG. Dresden vom 15. Febr. 1910 PMZBl. 16 [1910] 238).

7. Eventualanmeldung, richtiger: Anmeldung mit Antrag auf Aussetzung der Eintragung. S. „Erläuterungen" Ziff. 2 Anl. III S. 135.

Es bedarf eines besonderen — die Priorität begründenden — Antrages an die Anmeldestelle für Gebrauchsmuster; ein Antrag in der Patentanmeldung genügt nicht. Gegen die Zurückweisung des Aussetzungsantrages kann Vorstellung an den Präsidenten des PatA. erhoben werden.

Ist die Patentanmeldung endgültig erledigt, so fordert das PatA. den Anmelder unter Setzung einer Frist auf, das Erforderliche für die Eintragung des Gebrauchsmusters zu tun (Antrag zu stellen, Gebührenzahlung usw.), widrigenfalls die Anmeldung als zurückgezogen gilt. Das PatA. kann aber auch in einem solchen Falle, falls sich seiner Ansicht nach bei Prüfung der Verhältnisse ergibt, daß der Anmelder nicht auf seine ursprüngliche Anmeldung verzichten wollte, das Gebrauchsmuster mit der früheren Priorität vornehmen.

(Präsidialbescheid des PatA. vom 3. und 4. April 1908 PMZBl. 14 [1908] 163, 164).

In vielen Fällen kann es zweckmäßig sein neben dem Patente ein Gebrauchsmuster für dieselbe Erfindung zu besitzen; denn das Patent kann aus einem Grunde für nichtig erklärt werden, der die Löschung des Gebrauchsmusters nicht bewirken kann, z. B. mangelnder Erfindungscharakter. (S. Seligsohn N. 2 zu § 1).

8. Gebühr. S. „Erläuterungen" Ziff. 1 Anl. III S. 134. Bei einem gleichzeitig mit der Anmeldung eingereichten Antrag auf Aussetzung der Eintragung und Bekanntmachung (s. N. 7) braucht die Gebühr erst später gezahlt zu werden.

Kommt es nicht zu einer Eintragung, so wird die Gebühr zurückgezahlt. — Eine Stundung oder ein Erlaß der Gebühr kann nicht erfolgen.

Wird die Gebühr trotz Aufforderung nicht gezahlt, so wird die Anmeldung zurückgewiesen.

§ 3.

Entspricht die Anmeldung den Anforderungen des § 2, so verfügt das Patentamt die Eintragung in die Rolle für Gebrauchsmuster.

Die Eintragung muß den Namen und Wohnsitz des Anmelders, sowie die Zeit der Anmeldung angeben.

Die Eintragungen sind durch den Reichsanzeiger in bestimmten Fristen bekannt zu machen.

Aenderungen in der Person des Eingetragenen werden auf Antrag in der Rolle vermerkt.

Die Einsicht der Rolle sowie der Anmeldungen, auf Grund deren die Eintragungen erfolgt sind, steht jedermann frei.

Abs. 1.

1. Anmeldesystem. Es erfolgt keine materielle Prüfung der Gebrauchsmusteranmeldung auf Schutzfähigkeit bzw. Neu-

heit des angemeldeten Modells. Nur das Vorhandensein der formalen Erfordernisse des § 2 ist festzustellen, insbesondere Einheitlichkeit der Anmeldung (§ 2 N. 6) und Modelleigenschaft i. S. des § 1 Abs. 1 gemäß den eingereichten Unterlagen.

Das PatA. ist an die Angaben des Anmelders gebunden. Sind diese unrichtig und von Einfluß auf die Rechtsbeständigkeit des Gebrauchsmusters, so entscheiden darüber, ebenso wie über die Schutzfähigkeit des Gebrauchsmusters, die ordentlichen Gerichte.

Bei Anmeldungen von Ausländern wird nicht geprüft, ob die Voraussetzungen des § 13 GebrMG. vorliegen.

Ein offensichtlicher Mangel der Modellfähigkeit, der sich aus den Unterlagen der Anmeldung ergibt, z. B. es handelt sich um ein Verfahren, führt zur Versagung der Eintragung; ebenso wird die Anmeldung von Gebrauchsmustern, die Nahrungs-, Genuß- und Arzneimittel und solche Gegenstände betreffen, deren Verwertung den Gesetzen oder guten Sitten zuwiderlaufen würden, behandelt. (Isay N. 2 zu § 3; Bericht des PatA. 1901, 225; s. aber § 1 N. 8).

In zweifelhaften Fällen pflegt das Gebrauchsmuster eingetragen zu werden. Seine Rechtsbeständigkeit ist dann im Prozeßwege klarzustellen. Zur Beseitigung sich bei der Prüfung ergebender Mängel der prozessualen Anmeldung gibt das Patentamt eine Frist; bei deren fruchtlosem Ablaufe erfolgt die Zurückweisung der Anmeldung. Da die gesetzte Frist keine Ausschlußfrist ist, kann der Auflage des PatA. so lange — auch noch nach Erlaß eines Zurückweisungsbeschlusses — entsprochen werden, als nicht aus dem Verhalten des Anmelders — z. B. langes Schweigen — zu entnehmen ist, daß er den Entschluß, die Anmeldung aufrecht zu erhalten, aufgegeben hat. Es ist daher möglich, die Fristversäumnis durch Angabe von Hinderungsgründen aufzuklären und deren Folgen zu beseitigen. (PatA. in Mttlg. VDP. 3, 16; Präsidialbescheid vom 3. April 1908 PMZBl. 14 [1908] 163 und 4. April 1908 ebenda S. 164).

Betrifft die Anmeldung einen offenbar schutzunfähigen Gegenstand, so macht das PatA. — aus Konnivenz — rechtsunkundige Anmelder darauf aufmerksam. Wird die

Anmeldung daraufhin nicht zurückgezogen, so wird die Eintragung trotzdem vorgenommen. (Bericht des PatA. 1901, 226). Gegen den die Anmeldung zurückweisenden Bescheid, wie überhaupt gegen jede Verfügung des Patentamtes, ist nach § 21 der AusfVO. vom 11. Juli 1891, s. Anlage, eine sog. Vorstellung an den Präsidenten des PatA. möglich, dieselbe ist an keine Frist gebunden. Streitig ist, welchen rechtlichen Charakter diese Vorstellung hat. Ein Erlaß des Staatssekretärs des Innern vom 1. Febr. 1904 (PMZBl. 10 [1904] 173), sowie auch Seligsohn (N. 5 zu § 3) sehen darin ein Rechtsmittel im prozeßrechtlichen Sinne, a. A. und m. E. mit Recht sind Isay (N. 3 zu § 3) und Cantor (428).

Es ist daher nach der hier vertretenen Ansicht trotz Versagung der Eintragung, da dem betr. Beschluß weder materielle noch formelle Rechtskraft zukommt, eine Neuanmeldung möglich. Die Praxis nimmt an, und deshalb ist diese Streitfrage ohne besondere Bedeutung, daß, wenn der Anmelder zu erkennen gegeben hat, er wolle trotz seines ablehnenden Standpunktes gegenüber der kundgegebenen Ansicht des PatA. bei seiner Anmeldung dann beharren, wenn seine „Vorstellung" erfolglos sei, der Anmeldung nach Beseitigung der gerügten Mängel zu entsprechen sei.

Gegen den auf eine Vorstelluug ergehenden Präsidialbescheid gibt es keinen weiteren Rechtsbehelf.

2. Die ordnungsmäßige Anmeldung gibt ein Recht auf Eintragung. Die Eintragung begründet erst das Gebrauchsmusterrecht, ohne aber die Schutzfähigkeit des Modells zu gewährleisten.

3. In die Musterrolle sind einzutragen:

a) die Bezeichnung des Modelles;

b) der Name und Wohnsitz des Anmelders, event. noch diese Angaben bezgl. seines Vertreters (§ 13 Abs. 2);

c) die Zeit (Tag) der — tatsächlichen oder fiktiven — Anmeldung. Eine fiktive Anmeldungszeit findet sich im Falle der Zurückziehung solcher Anmeldungen, die infolge mangelnder Einheitlichkeit geteilt worden oder infolge internationaler Verträge oder des Ges. vom 8. März 1904 prioritätsberechtigt sind (s. N. 7). — Maßgebend ist der Tag des Eingangs der Anmeldung beim

PatA., nicht der Zeitpunkt, in welchem dieselbe bei der Anmeldestelle für Gebrauchsmuster abgegeben wird. (Mttlg. des PatA. in PMZBl. 1 [1894/95] 153).

Die Gerichte sind zur Nachprüfung der Richtigkeit berechtigt und verpflichtet;

d) die Verlängerung der Schutzfrist;

e) Aenderungen in der Person des Schutzberechtigten resp. seines Vertreters;

f) die Löschung des Gebrauchsmusters.

4. Nach der Eintragung des Gebrauchsmusters wird kostenlos eine „Ausfertigung des Eintragsvermerks“ erteilt. (§ 23 AusfVO. vom 15. Juli 1891). Diese darf mit privaten Vermerken, Stempelabdrücken usw. nicht versehen werden. Das PatA. setzt sonst keine weiteren amtlichen Erklärungen darauf. (Präsidialbek. vom 11. Juni 1901 PMZBl. 7 [1901] 194). Gegebenenfalls ist eine neue Ausfertigung unschwer zu erlangen.

5. Die Eintragung gewährt nicht, wie die Patenterteilung, eine formale Legitimation; die Gerichte haben daher zu prüfen, ob neben der Eintragung und deren Ordnungsmäßigkeit auch die sonstigen Erfordernisse des Gebrauchsmusterschutzes vorliegen, insbesondere ob eine rechtswirksame Anmeldung vorliegt. (RG. vom 17. Dezbr. 1904 PMZBl. 1 [1894/95] 205; vom 13. Juni 1899 PMZBl. 5 [1899] 247; Isay N. 5 zu § 3).

Mangels sachlicher Prüfung durch das PatA. kommt der Eintragung auch keinerlei Beweiskraft zu.

6. Das PatA. läßt auf Antrag des Anmelders eine Aussetzung der Eintragung und Bekanntmachung zu und zwar bis zum Ende der dreijährigen Schutzfrist. Das Nähere ergibt Ziff. 2 der Erläuterungen zur Bek. vom 22. Nov. 1894 (Anlage); s. auch § 2 N. 7.

Abs. 2.

7. Als Zeit der Anmeldung gilt (vgl. Bek. der Anmeldestelle im PMZBl. 1, 153) der Tag, an welchem das Modell mit dem Antrag auf Eintragung in die Gebrauchsmusterrolle (s. auch PatA. in PMZBl. 8 [1902] 50) dergestalt zur Kenntnis des PatA. gebracht wird, daß seine Identität

festgestellt werden kann. Die Erfüllung der weiteren gesetzlichen Vorschriften ist die Voraussetzung für die Eintragung, nicht aber für die Priorität bestimmend.

Die Einreichung einer Beschreibung ohne Zeichnung oder Modell wahrt in der Regel die Priorität nicht. Nachträgliche Aenderungen oder Ergänzungen der Zeichnung oder des Modells können je nach ihrer Bedeutung eine Verlegung der Priorität herbeiführen, ebenso spätere Aenderungen der Beschreibung, des Schutzanspruches, die in der Zeichnung, an dem Modell nicht ersichtlich sind.

Wird aus einer Anmeldung wegen mangelnder Einheitlichkeit ein Teil des Gegenstandes ausgeschieden und neu angemeldet (s. § 2 N. 6) oder wird ein Nachtrag vom PatA. zum besonderen Verfahren verwiesen, so kann auf Antrag für eine solche Neuanmeldung der Tag der früheren Einreichung als Anmeldetag angenommen werden. (S. wegen der Einzelheiten die Bek. des PatA. im PMZBl. 1, 153).

Abs. 4.

8. Ob die Eintragung der Aenderung in der Person des eingetragenen Schutzinhabers ohne Bedeutung für den Uebertragungsakt ist oder nicht, ist streitig. Die herrschende Meinung und mit ihr das RG. (s. u. a. RG. I vom 30. Novbr. 1907 RGZ. 67, 176; JW. 1908, 53; PMZBl. 14 [1908] 164) nimmt an, daß von der Eintragung nicht der Erwerb des Schutzrechtes abhängig sei, sondern nur die Legitimation zur Klage. (S. Kent N. 26 zu § 19 PatG. und die dort Zitierten). Dagegen bezeichnet Isay (N. 5 zu § 19 PatG.) nach dem Vorgange Kohlers diesen Standpunkt als Halbheit und nur als geeignet, „die Unsicherheit im Verkehr mit Patenten, die er begründete, praktisch noch unerträglicher zu machen". Im Falle nämlich der eingetragene Eigentümer das Patent zunächst an A und sodann an B veräußere und dem B die Eintragung bewillige, sei A zwar nach der herrschenden Auffassung Eigentümer geworden, könne aber weder gegen Dritte vorgehen, noch von B die Umschreibung des Patentes auf ihn verlangen, da er ja zu B in keinen rechtlichen Beziehungen stehe. Isay kommt daher zu dem Satze: eine Uebertragung des Patentes, die Bestellung eines anderen Vertreters bedarf zu ihrer rechtlichen Wirkung der Eintragung in die Rolle.

Er stützt denselben durch die Erwägung, daß unter „Rechte und Pflichten" nach Maßgabe des PatG. die Rechte und Pflichten aus dem Patent zu verstehen seien. Dem ist beizutreten, da diese Ansicht allein zu einem für die Praxis befriedigenden Resultate kommt.

Wenn auch im GebrMG. eine dem § 19 Abs. 2 S. 2 PatG. entsprechende Bestimmung fehlt, so ist man doch allgemein der Ansicht, daß diese Vorschrift auch auf Gebrauchsmuster anzuwenden ist (RG. I vom 30. Novbr. 1907 RGZ. 67, 176; PMZBl. 14 [1908] 164; LZ. 1908, 166; JW. 1908, 53, 249).

Man wird daher auch für Gebrauchsmuster von der Eintragung der Aenderung in der Person des Eingetragenen den Uebergang des Rechtes abhängig machen müssen. (S. Isay N. 6 zu § 3). S. § 7 N. 6 I b.

Die vertragliche Verpflichtung zur Uebertragung des Schutzrechtes gibt dem Gläubiger einen klagbaren Anspruch auf Abgabe einer entsprechenden Erklärung in beweisender Form; event. Klage und Urteil gem. § 894 ZPO.

9. Zur Stellung des erforderlichen Antrages ist der frühere wie der neue Schutzinhaber, jeder für sich, berechtigt; der letztere muß die Bewilligung des bisherigen eingetragenen Schutzinhabers seinem Antrage beifügen. Wird die Abgabe einer ordnungsgemäßen Bewilligung verweigert, dann ist hierauf zu klagen (§ 894 ZPO.). Der Erwerber des Schutzrechtes muß der Bewilligung seine Annahmeerklärung beifügen (PatA. 9. Novbr. 1906 PMZBl. 13 [1907] 210). Es empfiehlt sich also die betr. Vertragsurkunde abschriftlich dem Antrage an das PatA. beizufügen oder aber vom Veräußerer und Erwerber einen gemeinsamen Antrag stellen zu lassen.

10. Nach § 22 AusfBO. vom 11. Juni 1891 (s. Anlage I) sind Aenderungen in der Person des Eingetragenen, die in der Rolle vermerkt werden sollen, in beweisender Form zur Kenntnis des PatA. zu bringen, d. h. die Unterschriften müssen gerichtlich oder notariell beglaubigt sein. Ist die Beglaubigung im Auslande erfolgt, dann muß die Unterschrift der ausländischen Urkundsperson von einem Gesandten oder Konsul des Deutschen Reiches legalisiert werden (§ 2 Ges. vom 1. Mai 1878). Das amerikanische Affidavit sieht das PatA. (PatA. vom 27. Okt. 1903 PMZBl. 10 [1903] 9 und vom 14. Dezbr. 1904, 12 [1905] 156) nicht als „beweisende Form" an. Auch die Legitimation der gesetzlichen Vertreter ist in dieser Weise darzutun.

11. Ist der Antrag ordnungsmäßig gestellt und mit den erforderlichen Nachweisen versehen, dann muß das PatA. die Aenderung eintragen. Der Widerspruch eines Dritten ist unbeachtlich. Einstweilige Verfügungen zum Schutze des neuen Gebrauchsmusterinhabers sind zulässig. Zweckmäßig wird die einstweilige Verfügung dahin zu beantragen sein, daß dem bisherigen und noch eingetragenen Gebrauchsmusterinhaber die Befugnis über das Gebrauchsmuster zu verfügen entzogen wird. Das PatA. muß den Mangel der Verfügungsmacht beachten. In die Rolle werden derartige Veräußerungsverbote nicht eingetragen (PatA. in PMZBl. 5 [1899] 3). Das PatA. nimmt sie aber zu den Akten.

12. Das Gebrauchsmuster kann wirksam für e i n e F i r m a eingetragen werden. Wechselt deren Inhaber, während das Geschäft unter der gleichen Firma weitergeführt wird, so bedarf es keiner Eintragung in die Gebrauchsmusterrolle; als Schutzinhaber gilt der jeweils berechtigte Firmeninhaber. (RG. vom 14. Dezbr. 1901 JW. 1902, 98; PMZBl. 8 [1902] 177; RG. vom 11. Mai 1909 PMZBl. 15 [1909] 213).

Bei Einbringung des Gebrauchsmusters in eine Gesellschaft hängt es von der rechtlichen Bedeutung der diesbezüglichen Vereinbarung ab, ob eine Eintragung der „Aenderung" nötig ist oder nicht.

Meistens (§ 706 Abs. 2 BGB.) wird sie erforderlich sein, da anzunehmen ist, daß nach dem Vertragswillen das volle Schutzrecht auf die Gesellschaft übergehen soll.

13. Das PatA. p r ü f t nur, ob formell der Umschreibungsantrag in Ordnung geht, nicht aber, ob der Uebertragungsakt materiell gültig ist (PatA. vom 16. April 1904 PMZBl. 10 [1904] 274). Nur E i n t r a g u n g s f e h l e r, die auf ein Versehen des PatA. zurückzuführen sind, können berichtigt werden; bei anderen Unrichtigkeiten ist das Ineinklangbringen der Gebrauchsmusterrolle mit dem wirklichen Rechtszustande, falls dies nicht durch Zusammenwirken der Beteiligten geschehen kann, nur durch Klage möglich.

Abs. 5.

14. Das Einsichtsrecht besteht nicht bei zurückgewiesenen oder noch schwebenden Anmeldungen. Das Einsichtsrecht erstreckt sich auch auf die Unterlagen der Anmeldungen. Abschriften und Auszüge aus den betr. Akten des PatA. werden nach dem Ermessen desselben an jedermann gegen Kostenersatz erteilt (§ 29 AusfVO. vom 11. Juli 1891).

Ein besonderes Interesse ist nach der derzeitigen Praxis des PatA. nicht glaubhaft zu machen.

§ 4.

Die Eintragung eines Gebrauchsmusters im Sinne des § 1 hat die Wirkung, daß dem Eingetragenen ausschließlich das Recht zusteht, gewerbsmäßig das Muster nachzubilden, die durch Nachbildung hervorgebrachten Gerätschaften und Gegenstände in Verkehr zu bringen, feilzuhalten oder zu gebrauchen.

Das durch eine spätere Anmeldung begründete Recht darf, soweit es in das Recht des auf Grund früherer Anmeldung Eingetragenen eingreift, ohne Erlaubnis des letzteren nicht ausgeübt werden.

Wenn der wesentliche Inhalt der Eintragung den Beschreibungen, Zeichnungen, Modellen, Gerätschaften oder Einrichtungen eines anderen ohne Einwilligung desselben entnommen ist, so tritt dem Verletzten gegenüber der Schutz des Gesetzes nicht ein.

1. Dem eingetragenen Gebrauchsmusterinhaber steht das Ausschließungsrecht nur unter zwei Voraussetzungen zu; das Gebrauchsmuster muß nämlich:

a) in die Gebrauchsmusterrolle des PatA. eingetragen sein (formelle Voraussetzung),

b) den Vorschriften des § 1 entsprechen (materielle Voraussetzung).

Das Gericht hat nachzuprüfen, ob diese beiden Erfordernisse vorliegen. Die Eintragung hat derjenige nachzuweisen, der Rechte aus dem Gebrauchsmuster herleitet. Str. ist aber, wem die Beweislast hinsichtlich des Vorhandenseins der materiellen Voraussetzung des Gebrauchsmusterschutzes obliegt.

Seligsohn (§ 4 N. 3) will aus Billigkeits- und Zweckmäßigkeitsgründen dem Beklagten die Beweislast dafür aufbürden, daß das Modell nicht neu ist; so auch u. a. Robolski N. 2 zu § 4 und OLG. Colmar vom 28. Oktbr. 1909 ElſLothZ. 35, 354. Dagegen vertritt Isay (§ 7 N. 7) die Ansicht, der Beklagte habe nicht die Pflicht zu beweisen, sondern er müsse ordnungsgemäß bestreiten. Da es sich bei der Behauptung der Neuheit um eine Negative handle und zum ordnungsmäßigen Bestreiten einer Negative die Aufstellung einer bestimmten positiven Behauptung gehöre, so sei bei dem Unterlassen einer solchen, das Bestreiten der Neuheit unbeachtlich. Die Beweislast für die Unwahrheit der gegnerischen Behauptung treffe den Schutzinhaber. S. auch Pinzger, MarkenS. und W. 11, 4.

Cantor (S. 487) verlangt vom Schutzinhaber den positiven Beweis der Schutzfähigkeit und vom Gegner, der neuheitsschädliche usw. Tatsachen behauptet, den Beweis für die Schutzausschließungsgründe (offenkundige Vorbenutzung, Gesetzwidrigkeit usw.).

Die Isay'sche Ansicht scheint mir die zutreffende zu sein; für sie spricht die logische Konsequenz in der Anwendung allgemein anerkannter prozessualer Grundsätze; sie trägt auch allein dem Charakter des Gebrauchsmusterrechts als eines Ausschlußrechtes Rechnung.

2. Das Ausschlußrecht ist nur für das Gebiet des deutschen Reichs (Deutschland, seine Kolonien und Schutzgebiete) wirksam, hier aber auch gegen Ausländer (Territorialitätsprinzip). Unzulässig ist die Nachbildung des Gebrauchsmusters im Inlande auch dann, wenn die hierdurch hervorgebrachten Gegenstände im Auslande in den Verkehr gebracht werden sollen. Zulässig ist es in Deutschland über ein im Ausland hergestelltes Produkt, welches für Deutschland geschützt ist, derart zu verfügen, daß dasselbe, ohne deutsches Gebiet zu berühren, vom Ausland nach dem Ausland ver-

kauft wird. (LG. Hamburg vom 16. April 1907 PMZBl. 15 [1909] 17).

Die einzelnen Elemente einer geschützten Gesamtkonstruktion dürfen dann nicht im Inlande hergestellt werden, wenn der Fabrikant weiß, daß dies zwecks Herstellung des Ganzen im Auslande geschieht oder wenn für dieselben eine andere Verwendung ausgeschlossen ist. (RGZ. 40, 78).

Im Auslande hergestellte Gegenstände dürfen zur gewerbsmäßigen Benutzung in Deutschland nicht eingeführt werden. Hat der Gebrauchsmusterinhaber auf Grund seines DRGM. hergestellte Gegenstände im Auslande in Verkehr gebracht, dann dürfen sie auch nach Deutschland eingeführt werden; dies darf aber dann nicht geschehen, wenn der Gebrauchsmusterinhaber selbst oder ein Dritter in dem betr. Auslandsstaate ein Schutzrecht für den Gebrauchsmustergegenstand hat. (RGZ. 51, 139).

Ob die Durchfuhr geschützter Gegenstände durch Deutschland von einem Auslandsstaate in den anderen zulässig ist, ist streitig. Kohler, Handbuch S. 556; Damme, Patentrecht S. 383; Isay, § 4 PatG. S. 187 lassen einen Transit zu, a. A. Kent, § 4 N. 133; Seligsohn, § 4 PatG. N. 14. Die erstere Ansicht dürfte richtig sein. Denn in dem tatsächlichen Akte der Durchfuhr liegt kein In-den-Verkehr-bringen in Deutschland.

3. Legitimiert zur Geltendmachung des Ausschlußrechtes ist allein der „Eingetragene" (s. N. 8 zu § 3). Jeder von mehreren Eingetragenen ist für seine Person hierzu berechtigt.

4. Benutzt ist das Modell auch dann, wenn der betr. Gegenstand zwar Abweichungen aufweist, aber wesentliche Teile desselben enthält. (RG. vom 2. April 1894; RGSt. 25, 217; RG. vom 11. Okt. 1899 JW. 1899, 731).

5. Gewerbsmäßige Benutzung liegt vor, wenn es sich nicht um die Benutzung für persönliche (auch Studien- oder häusliche) Zwecke handelt, sondern für die Zwecke einer gewerblichen Betätigung. Nicht erforderlich ist eine auf Gewinn gerichtete Absicht, oder daß die Benutzung wiederholt worden ist. (RG. vom 5. Novbr. 1886 JW. 1887, 35 RGSt. 15, 34; RG. vom 31. März 1897 RGZ. 39, 37).

6. Das Schutzrecht verleiht nicht die Befugnis beim Verkauf gebrauchsmustergeschützter Gegenstände mit dinglicher Wirkung Dritten gegenüber Bestimmungen über die Art des weiteren Verkehrs zu treffen. (RG. I vom 26. März 1902 RGZ. 51, 139; RGSt. I vom 23. Febr. 1903 RGSt. 36, 178; JW. 1903, 325).

7. Nachbilden.

Unerheblich ist, auf welche Weise die Nachbildung geschieht und ob ein Inverkehrbringen usw. nachfolgt. Durch sog. Reparaturen darf kein Ersatzstück geschaffen werden, sonst liegt eine unzulässige Nachbildung vor. (Vgl. RGSt. I vom 9. Novbr. 1891 JW. 1892, 10; Cantor S. 519 und dort Zitierte). — Die Nachbildung nicht geschützter Teile eines geschützten Gegenstandes ist unzulässig, wenn sie erfolgt, um diese nachträglich zum geschützten Gegenstand gewerbsmäßig zusammenzusetzen. Wann und wo die Zusammensetzung erfolgen soll, ist unerheblich. (RG. I vom 18. Septbr. 1897 RGZ. 40, 78; RGSt. IV vom 17. Febr. 1908 Recht 1908, 292).

8. Inverkehrbringen ist jede im Inland vorgenommene Handlung, die bezweckt, den körperlich vorliegenden Gebrauchsmustergegenstand dem geschäftlichen Verkehr zuzuführen oder seiner Zirkulation in geschäftlichen Verkehr zu dienen. — Streitig ist, ob ein Wechsel der rechtlichen Verfügungsmacht erforderlich ist, oder ob tatsächliche Ueberlassung genügt. Das RG. hat in seinem Urteile vom 1. Juli 1910 (PMZBl. 18 [1912] 219) erklärt, daß eine Eigentumsübertragung im Wege der Weiterveräußerung nicht erforderlich ist und daß daher auch das Vermieten einer Sache ein Inverkehrbringen darstellt. S. im einzelnen über diese Streitfrage Isay S. 176. Seiner Darstellung ist nachzutragen, daß Cantor S. 532 jede gewollte Handlung, die rechtlich oder körperlich oder rechtlich und körperlich die Verfügungsgewalt über eine Nachbildung des Musters zum Gebrauch auf einen anderen überträgt, als Inverkehrbringen ansieht. — Die hier gegebene Definition dürfte gerade dem allerseits betonten (s. Isay N. 21 zu § 4 PatG.; Cantor S. 531) wirtschaftlichen Charakter dieses Begriffes gerecht werden. Sie umfaßt auch die Seligsohnsche Ansicht (N. 7 zu § 4 PatG.), wonach auch die Schaustellung auf Ausstellungen, die Auslage in Läden usw. schon ein Inverkehr-

bringen darstellt. Anpreisen in Annoncen, Offerieren des noch anzufertigenden Gegenstandes ist kein Inverkehrbringen. (Vgl. RG. vom 1. Febr. 1909 Recht 1909 Nr. 944).

9. Feilhalten ist: gewerbsmäßiges Bereitstellen in der erkennbaren Absicht entgeltlicher Veräußerung; auch durch Annoncen, Zirkulare möglich. A. A. RGSt. II vom 6. Novbr. 1907 ZIndR. 3, 118.

Streitig ist, ob der Gebrauchsmustergegenstand bereits hergestellt sein müsse; so die herrschende Meinung (RGSt. I vom 14. Juli 1884 RGSt. 11, 241; RG. vom 1. Febr. 1909 Recht 1909 Nr. 944; Seligsohn N. 8 zu § 4 PatG.). Dagegen jetzt Isay (S. 178 zu § 4 PatG.).

Auch die Ausstellung des Gebrauchsmustergegenstandes kann ein Feilhalten darstellen; so stets das Patentamt. (PatA. vom 24. Juni 1896 PBl. 1888, 261).

10. Gebrauchen ist: gewerbsmäßiges Verwenden zur Befriedigung eines Bedürfnisses (Isay S. 179), auch zu einem anderen Zwecke als demjenigen, welchem das Modell eigentlich dienen soll. (RG. vom 25. Septbr. 1902 RGSt. 35, 348).

11. Der Umfang des Schutzrechtes richtet sich nach dem Modell in Verbindung mit dem gesamten Inhalt der Anmeldung (s. N. 2c zu § 2), ist aber nicht allein auf den in der Anmeldung angegebenen Gebrauchszweck beschränkt (RG. vom 25. Septbr. 1902 PMZBl. 9 [1903] 43; RGSt. 35, 348).

Ist der Schutzanspruch seinem Wortlaute nach zwar klar, gibt aber nach dem übrigen Inhalt der Anmeldung dem Willen des Anmelders nur einen unzulänglichen Ausdruck, so ist der Anmeldungswille gegenüber der mißglückten Fassung des Schutzanspruches dahin zu interpretieren, daß der Erfinder im Zweifel soviel habe anmelden wollen, als er nach dem Stande der Technik anmelden konnte. (RG. I vom 24. Febr. 1909 PMZBl. 15 [1909] 288. S. ebenda S. 141, auch RG. vom 3. Oktbr. 1908; RG. vom 28. Juni 1911 JW. 1911, 822; PMZBl. 17 [1911] 274).

Der Begriff „Stand der Technik" ist, trotzdem er als „vornehmster Auslegungsbehelf" für Patente und Gebrauchsmuster angesehen wird, nicht geklärt, ja er ist kaum in der Literatur erörtert worden (s. jetzt Isay, GewRSchutz

16, 157). Isay (N. 7 zu § 4 PatG.) und Seligsohn (N. 19a [S. 129] zu § 4 PatG.) sehen das als „Stand der Technik" an, was zur Zeit der Anmeldung des Patentes in öffentlichen Druckschriften aus den letzten hundert Jahren bereits derart beschrieben oder im Inlande offenkundig benutzt worden ist, daß die Benutzung durch andere Sachverständige möglich erscheint. Es werden also auch auf die Auslegung des Patentes im Verletzungsprozesse die einschränkenden, lediglich eine Vermutung enthaltenden Bestimmungen angewendet, die zur Festlegung der Neuheit einer Erfindung dienen (§ 2 PatG.; § 1 Abs. 2 GebrMG.). Dies geschieht im Gegensatze zu einer Entscheidung des RG. vom 11. Oktbr. 1905 (PMZBl. 12 [1906] 41; JW. 1905, 742), die freilich nur in einer gelegentlichen Bemerkung diese Frage streift. Man wird nicht verkennen können, daß eine derartige Auslegung des Begriffes „Stand der Technik" mit dem Wortsinne desselben vollkommen im Widerspruche steht. Denn danach ist darunter der technische Allgemeinbesitz zu verstehen, das, was ein unterrichteter Fachmann des betreffenden Gebietes an technischen Ideen, Maßnahmen, Hilfsmitteln usw. kennt. Geht man von diesem Sinne des Begriffes „Stand der Technik" aus, dann muß man konsequenterweise dahin kommen, daß nach Ablauf der fünfjährigen Frist des § 28 PatG. Patente möglich sind, die nur den Schein eines Rechtes geben, eine Folgerung, die auch Wertheimer, DJZ. 16, 573 ff. gezogen hat. Allein das RG. hat demgegenüber in seinem Urteile vom 2. März 1912, das Isay und Seligsohn in ihren Kommentaren noch nicht berücksichtigen konnten, sehr nachdrücklich zum Ausdrucke gebracht, daß ein Patent, selbst wenn nachträglich sich ergibt, daß der von ihm betroffene Gegenstand vor der Anmeldung bereits freier Besitz der Technik war, damit noch nicht seine Kraft gegenüber Patentverletzungen einbüßt. „Besteht ein Patent einmal zu Recht, so darf es nicht im Verletzungsstreite praktisch aller Wirksamkeit durch die Feststellung entkleidet werden, daß es im Hinblick auf das zur Zeit der Anmeldung wirklich Vorbekannte gemäß § 2 PatG. nicht hätte erteilt werden können. Irgendwelcher Inhalt muß dem bestehenden Patente immer gewahrt werden." Damit ist implicite auch die obenerwähnte Ansicht über die Bedeutung des Begriffes „Stand der Technik" gebilligt. Er ist also, wie die „Neuheit“ in fiktiv-theoretischer Weise zu bestimmen; nicht die „lebendige Welt der Technik“, sondern eine „papierene Welt“ gilt als maßgebend. Schriftliche und mündliche Ueberlieferungen, Vorlesungen an technischen Hochschulen, Vorträge auf Kongressen haben für den Stand der Technik außer Betracht zu bleiben; ebenso Benutzungsfälle im Auslande, z. B. Schaustellungen und Vorführungen auf ausländischen Ausstellungen (Isay N. 7 zu § 4 PatG.). Aber eine vor 99 Jahren in Hinterindien erschienene Druckschrift, die ein Zufall aus dem Dunkel gezogen hat, enthüllt den Stand der Technik! Solange die Bestimmungen des § 2 PatG. und § 1 Abs. 2 GebrMG. bestehen — dagegen sprechen sich mit Recht Aron, GewRSchutz 1903, 33 und Wirth, ebenda 1905, 183 aus; siehe auch Isay, ebenda 1911 S. 159 — wird man aber dieser Ansicht beitreten müssen, da man sonst in eine Sackgasse gerät; man müßte ohne dieselbe zur Annahme von nur formell zu Recht bestehender, schutzloser Patente kommen. Diese Ansicht führt auch für das Gebrauchsmusterrecht allein zu brauchbaren Konsequenzen, da hier ja der Richter im Verletzungsprozesse gleichzeitig die „Neuheit“ festzustellen und den Schutzumfang durch Auslegung zu bestimmen hat. Dies kann natürlich nicht von zwei verschiedenen Gesichtspunkten aus geschehen. Isay weist a. a. O. auch zutreffend darauf hin, daß für die Auslegung von Gebrauchsmustern kein anderer „Stand der Technik“ gelten kann als für Patente. Daß im Gebrauchsmusterrecht eine Erschwerung des Schutzes gegenüber dem Patentrechte durch Wegfallen der hundertjährigen Frist für die Druckschriftenpublizität eintritt, sei für die m. E. notwendige Abänderung dieser Bestimmung bei der Reform des PatG. und GebrMG. besonders bemerkt.[1])

Zur **Feststellung des Standes der Technik** im Prozesse dürfen nur solche Druckschriften und Vorbe-

[1]) „Das erwähnte Urteil des RG. vom 2. März 1912 hat in der Zeitschriftenliteratur neuerdings zu einem regen Meinungsaustausch geführt. Das oben gewonnene Resultat wird aber dadurch m. E. hinsichtlich der Bedeutung des Begriffs „Stand der Technik“ nicht erschüttert. Vgl. Habermann, ZIndR. 7, 133; Isay, GewRSchutz 17, 241; Kohler, GewRSchutz 17, 170; Rathenau, GewRSchutz 17, 173; Schanze, GewRSchutz 17, 217; Schanze, Marken. u. W. 11, 418. S. auch: Gleichen: Die Bestimmung des Patentschutzes aus den Patentansprüchen bei Patentverletzungsprozessen unter Berücksichtigung neuerer Reichsgerichtsentscheidungen. GewRSchutz 17, 223.

nutzungsfälle herangezogen werden, auf welche die Partei sich bezieht. Eventuell müssen, um dem Sachverständigen das Material zu seinem Gutachten zu verschaffen, Zeugen über die Art und Weise usw. der offenkundigen Benutzung gehört werden (s. Isay a. a. O.).

12. Bei der Bestimmung des Schutzumfanges eines Gebrauchsmusters muß stets — prinzipieller Unterschied gegenüber dem Rechte aus einem Patente! — beachtet werden, daß nur geschützt ist, die spezielle neue körperliche Erscheinungsform der Erfindung, nicht der technische Erfindungsgedanke als solcher, so daß andere räumliche Verkörperungen desselben nicht unter den Schutz des betr. Gebrauchsmusters fallen. Aber: „Stellt sich das eingetragene Modell als die Grundform einer Gattung von Gebrauchsgegenständen oder Geräten dar, so sind durch die Eintragung nicht bloß diese Grundform, sondern auch die innerhalb des Gattungsbegriffs liegenden Modifikationen geschützt", d. h. die Verwendung des gleichen Raumgedankens.

So zutreffend RG. vom 1. Oktbr. 1897 RGZ. 40, 7; PMZBl. 3 [1887] 257. S. auch RG. vom 23. Septbr. 1899 RGZ. 44, 74; PMZBl. 5 [1899] 308; Isay N. 2 zu § 4; Kohler, Musterrecht 44, 66; Seligsohn N. 4 zu § 4.

13. Abweichungen. Der Gebrauchsmusterschutz ist nicht genau auf die Form des angemeldeten Modells beschränkt, so daß jede Abweichung genügen würde, den betreffenden Gegenstand außerhalb des Schutzbereichs zu stellen. Der Schutz umfaßt vielmehr auch solche Abweichungen, welche das Vorhandensein einer Nachbildung erkennen lassen, ohne für das, was sie Abweichendes und Eigenartiges bieten, eine dem Gebrauchszweck dienende und diesen fördernde Gestaltung aufzuweisen. (RG. vom 22. Oktbr. 1902 JW. 1903, 11).

13a. Der Gebrauchsmusterschutz umfaßt aber auch ohne weiteres solche Nachbildungen des Modelles, die demselben im wesentlichen wirkungsgleiche (äquivalente) Merkmale aufweisen (RGSt. 25, 214).

Die Uebertragung auf andere Gebrauchsgegenstände, ohne daß eine andere Wirksamkeit erzielt wird, ist eine Schutzverletzung, z. B. der geschützte Verschluß einer Brieftasche wird für ein Portemonnaie verwandt. (S. Seligsohn N. 4 zu § 4).

14. Wesentliche Aenderungen des Modells, die eine Verbesserung desselben darstellen, aber das Charakteristische der Form desselben nicht berühren, fallen auch in den Schutzbereich des Gebrauchsmusters, selbst wenn sie für sich — als Patent oder Gebrauchsmuster — schutzfähig sind, resp. einen solchen Schutz genießen; sie sind dann abhängig von dem zuerst geschützten Muster und daher nicht ohne Erlaubnis des „Eingetragenen" benutzbar. — Die Abhängigkeit eines Gebrauchsmusters von einem anderen Gebrauchsmuster oder von einem Patente oder umgekehrt ist im Gesetze nicht geregelt. (Isay N. 5 zu § 4, N. 1 zu § 5; a. A. Cantor S. 600; Kohler, Musterrecht S. 40).

15. Ein Fall der Beschränkung des Benutzungsrechts des Gebrauchsmusters findet im Abs. 2 seine Regelung: das Neue in einem Gebrauchsmuster stimmt mit dem Neuen eines früher angemeldeten Gebrauchsmusters ganz oder teilweise überein (Identität). Das jüngere Gebrauchsmuster wird dann wie ein von dem älteren abhängiges behandelt (Isay N. 5 zu § 4). Cantor S. 600 und Kohler, Musterrecht S. 40 sehen in Abs. 2 m. E. zu Unrecht die Abhängigkeit zweier Gebrauchsmuster geregelt; sie nehmen bei Identität die Ungültigkeit des jüngeren Gebrauchsmusters an. S. aber die Entstehungsgeschichte des Abs. 2 und Kommissionsbericht S. 7. Gegen Dritte ist das jüngere Gebrauchsmuster als Verbietungsrecht wirksam; auch darf es, soweit es in das ältere Gebrauchsmuster nicht eingreift, von dessen Inhaber nicht benutzt werden. Unerheblich ist, ob der Urheber des jüngeren Gebrauchsmusters Kenntnis von dem Bestehen des älteren hatte.

16. Eine Beschränkung des Verbietungsrechtes tritt durch die im Abs. 3 geregelte widerrechtliche Entnahme ein. Der Verletzte kann auch der Miturheber des Musters, der Dienstherr des Anmelders, dem der Besitz der Erfindung zustand, sein, wenn sie mit der Anmeldung des Gebrauchsmusters durch den Eingetragenen nicht einverstanden waren. — Anmelder und Entnehmer brauchen nicht die gleiche Person zu sein. Es genügt, daß der Anmelder die Kenntnisse, die ihn zur Anmeldung des Gebrauchsmusters befähigten, vom Entnehmer erlangt hat. — Ob der Entnehmer sich zur Entnahme für berechtigt hielt, ob bei mangelnder Identität zwischen Entnehmer und Anmelder dieser von der Entnahme etwas wußte, ist unerheblich (RG. vom 23. Okt. 1880, RGZ. 2, 137; s. aber RG. vom 22. März 1912 in Note 17). Daher bleibt das Verbietungsrecht aus dem Gebrauchsmuster in dieser Hinsicht stets ein beschränktes, einerlei, wem es zusteht. — Bei der Prüfung der Frage, ob eine Entnahme vorliegt, wird man besonders zu beachten haben, daß nicht die Erfindungsidee beim Gebrauchsmuster geschützt ist, sondern nur die Raumform.

Der Verletzte hat kein Einspruchsrecht oder dgl. gegen die Eintragung, sondern nur einen Anspruch auf Löschung des Gebrauchsmusters (§ 6 Abs. 2); daneben hat er noch das Recht auf Uebertragung des Gebrauchsmusters (RG. I vom 19. September 1900 JW. 1900, 738) und auf Schadensersatz auf Grund der §§ 823, 826 BGB.

Die zufällige Uebereinstimmung zweier Gebrauchsmuster wird durch § 4 Abs. 3 nicht getroffen, auch nicht der Fall der Anregung. — Eine Entlehnung des Prinzips allein ist keine Entnahme des wesentlichen Inhaltes der Eintragung. (PatA. vom 4. August 1881 PBl. 1882, 77).

Die Entnahme aus einer mündlichen Beschreibung der fertigen Gebrauchsmustererfindung ist ausreichend. (RG. vom 8. Januar 1908 PMZBl. 15 [1909] 11).

Das Recht aus § 4 Abs. 3 ist mit dem Betriebe veräußerlich und vererblich. (Isay N. 5 zu § 4).

17. Ein weiterer Fall der Beschränkung des Verbietungsrechtes wird durch die Zulassung des — im Gesetz nicht vorgesehenen — sog. Vorbenutzungsrechtes geschaffen. Ein solches gibt nach Analogie des § 5 Abs. 1 PatG. die herrschende Meinung (s. die Zitate bei Isay 457) demjenigen, der vor der Anmeldung des Gebrauchsmusters bereits das betreffende Modell im Inlande gewerbsmäßig im eigenen Betriebe benutzt oder daselbst die zu dessen Benutzung erforderlichen Veranstaltungen getroffen und nach der Eintragung nicht die Benutzung endgültig aufgegeben hatte (RG. vom 25. Febr. 1911, PMZBl. 17 [1911] 221.) Derselbe darf das Gebrauchsmuster für die Bedürfnisse seines eigenen Betriebes in eigenen oder fremden Werkstätten ausnutzen. Diese Befugnis kann nur zusammen mit dem Betriebe vererbt oder veräußert werden. Daher kann das Vornutzungsrecht nicht gepfändet werden und nicht Gegenstand der Lizenzerteilung sein.

Für das Vorbenutzungsrecht kommt nicht nur die sog. Doppelerfindung in Betracht, bei der eine Erfindung unabhängig von der anderen gemacht wurde, sondern es wird auch demjenigen gewährt, der auf andere Weise in den Besitz der Erfindung gelangte, selbst der unredliche Erwerber der Erfindung kann sich darauf berufen, falls er sich nicht dem Schutzinhaber gegenüber eine widerrechtliche Aneignung zuschulden hat kommen lassen (RG. vom 22. März 1912 JW. 1912, 697; LZ. 6, 463 [?]).

18. Die Unterlassungsklage (actio negatoria) wird durch einen objektiv-rechtswidrigen, im Inlande erfolgten Eingriff in das Gebrauchsmusterrecht, sowie durch sonstige Angriffe auf dasselbe (z. B. Anzweiflung der Rechtsbeständigkeit, des Schutzumfanges usw.) begründet. Sie dient auch zur Abwehr beabsichtigter künftiger, rechtswidriger Inlandsstörungen des Gebrauchsmusterrechts.

a) In allen Fällen genügt ein objektiv widerrechtlicher Eingriff in das Gebrauchsmusterrecht; das Moment des Verschuldens scheidet vollkommen aus. Dieses kommt nur für die Frage des Schadensersatzes in Betracht. (RG. vom 5. Jan. 1905 RGZ. 60, 6; RG. vom 16. Oktbr. 1905 RGZ. 61, 369).

Ist ein Eingriff in das Gebrauchsmusterrecht bereits in einer Weise beseitigt, welche die Besorgnis vor weiteren Verletzungen zweifellos ausschließt, so ist die Unterlassungsklage nicht mehr begründet. (RG. vom 11. Oktbr. 1901 JW. 1901, 808).

Die Gerichte müssen aber immer beachten, daß die Besorgnis weiterer Störungen regelmäßig immer besteht; Sache des Beklagten ist es daher, die Umstände zu beweisen, aus denen erhellt, daß sie künftighin völlig ausgeschlossen sind. (RG. vom 14. Febr. 1905 RGZ. 60, 154; RG. vom 2. Febr. 1907 Recht 1907, 586; s. auch RG. vom 5. Mai 1911 GewRSchutz 16, 340). — Die Abgabe der Versicherung, in Zukunft die verletzende Handlung nicht mehr vorzunehmen, ist nur dann als genügend zu erachten, wenn sie unter Anerkenntnis des verletzten Rechtes erfolgte. (RG. vom 7. Dezbr. 1901 PMZBl. 8 [1902] 147).

Regelmäßig wird das Interesse des Gebrauchsmuster-inhabers nur durch eine Feststellung (förmliches Anerkenntnis) im Prozesse gewahrt werden können (RGZ. 60, 154); jedenfalls muß der Verletzte in allen Fällen das Recht des Verletzten anerkennen. (RG. vom 11. Dezbr. 1908 PMZBl. 15 [1909] 294).

Neben der Klage auf Unterlassung künftiger Störungen ist kein Raum für eine Klage auf Feststellung des Umfanges des Schutzrechtes (OLG. Dresden vom 7. Dezbr. 1906 PMZBl. 18 [1912] 140).

Erlischt das Gebrauchsmusterrecht während des Prozesses, so ist der Rechtsstreit in der Hauptsache erledigt. Der an sich in einem solchen Falle mögliche Uebergang zur Feststellungsklage hinsichtlich der erfolgten Verletzung zwecks der späteren Geltendmachung von Schadensersatzansprüchen wird in den meisten Fällen daran scheitern, daß der Verletzte deshalb kein Interesse an der alsbaldigen Feststellung der Gebrauchsmusterverletzung hat, weil ja das Gericht bei seiner Kostenentscheidung diese Frage wird prüfen müssen.

Wird das Gebrauchsmuster aber auf Grund eines mangels Schutzfähigkeit ergehenden Löschungsbewilligungsurteils gelöscht, dann ist die Klage abzuweisen, wenn das Gericht infolge eigener Sachprüfung den Löschungsgrund als zutreffend ansieht. (Cantor S. 705).

b) Kläger ist der „Eingetragene" (s. § 13); Eintragung in die Gebrauchsmusterrolle nach Klageerhebung ist nach der herrschenden Meinung über die Bedeutung der Eintragung genügend (RG. I vom 19. Juni 1899 PMZBl. 5 [1899] 239), nicht aber nach der hier vertretenen Ansicht (s. § 3 N. 8). Klageberechtigt ist auch der Inhaber des Ausnutzungsrechtes, einer Exklusivlizenz (RG. vom 30. Novbr. 1907 RGZ. 67, 181). Ob der Inhaber einer einfachen Lizenz ein selbständiges Klagerecht hat, ist streitig. Die herrschende Meinung (s. Isay N. 46 zu § 4, N. 16 zu § 15 PatG.) billigt es nicht zu, wohl aber Seligsohn N. 9 zu § 6 PatG., R. Isay im GewRSchutz 14, 58 (s. daselbst die Literatur).

c) Beklagter ist der Störende (nicht seine Erben als solche), sowie derjenige, welcher sich an der Schutzrechtsverletzung eines anderen in gewolltem oder bewußtem Zusammenwirken beteiligt hat (RG. I vom 2. Febr. 1907 RGZ

65, 157) und derjenige, der im Dienste, Auftrage eines anderen handelte. In den beiden letzten Fällen kann die Klage auch gleichzeitig gegen den Dienstherrn gerichtet werden. (RG. II vom 30. Jan. 1903 JW. 1903, 128).

Der **Einwand der Erschleichung**, der einer auf ein Patent gestützten Untersagungsklage gegenüber erhoben werden kann, ist im Gebrauchsmusterrecht unzulässig, weil ja die Eintragung in die Rolle ohne Prüfung seitens des PatA. erfolgt.

d) **Klageantrag, Urteilstenor.** Es darf die Verurteilung nicht einfach daraufhin abgestellt werden, daß dem Beklagten die Benutzung des Gebrauchsmusters untersagt wird oder daß bloß die Merkmale des Schutzanspruchs angeführt werden. Das Verbot ist auf die konkrete Störung zu richten, die vorgefallen ist oder vorzufallen droht. (RG. I vom 2. Februar 1907 Recht 1909, 585).

In diesem Sinne fehlerhafte Anträge hat das Gericht, falls es nicht gemäß § 139 ZPO. auf eine sachgemäße Formulierung hingewirkt hat, bei der Fassung des Urteilstenors entsprechend — ohne Kostenpflicht — zu beschränken. (RG. vom 2. Febr. 1904 JW. 1904, 218; RG. vom 11. Novbr. 1908 PMZBl. 15 [1909] 12).

Mit der **Unterlassungsklage** kann die **Schadensersatzklage verbunden** werden. Auch wenn die Voraussetzungen der Feststellungsklage nicht vorliegen, kann auf Leistung von Schadensersatz, vorbehaltlich der Feststellung des ziffermäßigen Betrages im besonderen Verfahren, geklagt werden. (RG. vom 20. Mai 1897 JW. 1897, 367; RG. vom 5. Oktbr. 1908 MarkenS. u. W. 8, 155).

Als „zweckmäßiger" schlägt Isay (N. 48 zu § 4 PatG.) außerdem noch die Geltendmachung des Anspruchs auf Rechnungslegung vor. Es empfiehlt sich daher für den **Klageantrag** folgendes **Schema**:

Ich beantrage, den Beklagten kostenpflichtig zu verurteilen:

a) bei Meidung einer fiskalischen Geldstrafe von .... Mk. für jeden Fall der Zuwiderlegung es zu unterlassen ....

b) dem Kläger darüber Rechnung zu legen, wieviel Gegenstände der zu a bezeichneten Art er hergestellt und in Verkehr gebracht hat;

c) dem Kläger den aus der Rechnungslegung sich ergebenden Schaden zu ersetzen;

d) das Urteil zu a gegen event. ohne Sicherheit für vorläufig vollstreckbar zu erklären.

e) Zuständigkeit. Für die reine Unterlassungsklage ist § 32 ZPO. (Gerichtsstand der unerlaubten Handlung) nicht gegeben. Anders die Praxis vieler Gerichte, welche diesen Gerichtsstand zuläßt, wenn die Klage die Behauptung enthält, die Verletzung sei wissentlich oder grobfahrlässig erfolgt, oder auch ohne diese Behauptung, wenn gleichzeitig Klage auf Schadensersatz erhoben wird. (S. RG. in LZ. 1908, 248 und neuerdings OLG. Dresden vom 17. Novbr. 1911 MarkenS. u. W. 9, 447; s. auch Rosenthal in MarkenS. u. W. 12, 30).

Mit Recht bezeichnet Isay (N. 45 zu § 4 PatG.) diese Praxis als rechtlich unbegründet.

Die Klage muß, falls sie zur Zuständigkeit des Landgerichts gehört, bei der Kammer für Handelssachen anhängig gemacht werden. (§ 101 Ziff. 3c GVG.).

f) Dem Aussetzungsantrag wegen schwebender Löschungsklage wird, wenn die Unterlassungsklage vom dem Eingetragenen erhoben ist, nicht stattzugeben sein, da die Frage der Rechtsbeständigkeit des Gebrauchsmusters ja auf eine entsprechende Einwendung des Beklagten in dem Prozesse selbst zu entscheiden ist. Ueberdies muß die kurze Schutzdauer berücksichtigt werden!

g) Beweisverfahren.

Die Auslegung des Gebrauchsmusters ist Rechtsfrage, daher Sache des Gerichts. Unzulässig sind deshalb Beweisbeschlüsse, die lediglich die Frage an die Sachverständigen richten, ob der Beklagte das Gebrauchsmuster verletze. Das Gericht muß die seiner Ansicht nach erheblichen technischen Punkte zum Gegenstand der Beweiserhebung machen. Im Anschluß an Isay (N. 54 zu § 4 PatG.) sei hier ein Schema eines Beweisbeschlusses gegeben, das mutatis mutandis meistens zu verwenden sein wird:

1. Wie ist nach dem von den Parteien vorgebrachten Material (Druckschriften, Vorbenutzungsfälle usw.) der Stand der Technik z. Z. der Anmeldung des Gebrauchsmusters auf dem betr. Gebiete gewesen?

2. Worin liegt das Neue des Gebrauchsmusters?
3. Inwieweit stimmt damit der Gegenstand überein, den der Beklagte hergestellt usw. hat?
4. Worin unterscheidet er sich?

Zweckmäßig wird m. E. in vielen Fällen noch die Frage gestellt werden können:

5. Inwieweit liegt in den Abweichungen die Verwendung äquivalenter Mittel?

Das Patentamt erstattet in Gebrauchsmustersachen nur Gutachten auf Ersuchen der Gerichte und Staatsanwaltschaften, wenn in dem gerichtlichen Verfahren bereits voneinander abweichende Gutachten mehrerer Sachverständiger vorliegen. (Erlaß des Reichskanzlers vom 10. Septbr. 1894; PatA. vom 14. Septbr. 1894 PMZBl. 1 [1894/95] 98).

Aber auch dem Gutachten des Patentamtes gegenüber gilt der Grundsatz freier Beweiswürdigung.

h) Kosten. Es besteht keine Verpflichtung des „Eingetragenen" vor Erhebung der Unterlassungsklage den Beklagten zu warnen; daher treffen ihn die Kosten nicht, wenn bei Unterlassung einer Warnung der Beklagte sofort den Klageanspruch anerkennt. (OLG. Dresden vom 26. Juni 1900 PMZBl. 7 [1901] 147). A. A. Isay, MarkenS. u. W. 9, 365.

Die Kosten der Zuziehung eines Patentanwaltes oder technischen Beirates sind als erstattungsfähig dann anzusehen, wenn es sich um nicht ganz einfach gelagerte technische Fragen handelt und die Partei — was sehr häufig der Fall sein wird — nicht in der Lage ist, diese in einer dem Laienverständnis geeigneten Form darzustellen oder die Feststellung des Standes der Technik sachverständige Ermittelungen, welche die Partei nach ihrer Bildung, geschäftlichen Verhältnissen usw. nicht zweckentsprechend anstellen konnte, erfordert. Isay (N. 55 zu § 4 PatG.) hält die Kosten eines zugezogenen Patentanwaltes immer für erstattungsfähig, wenn es sich nicht ausschließlich um juristische Fragen handelt. Dies geht m. E. zu weit.

Die Kosten von Privatgutachten, die im Prozesse vorgelegt worden sind, können erstattungsfähig sein (OLG. Hamburg vom 7. Jan. 1907 BJZ. 1908, 371), ebenso auch vorprozeßlich eingeholte Gutachten, z. B. wenn sie bezwecken: die Klage oder die Verteidigung vorzubereiten, zu vermeiden technisch unbegründete Behauptungen aufzustellen, unbegründete gegnerische Behauptungen unbestritten zu lassen oder eine zweckmäßige Grundlage für die Beweisaufnahme zu gewinnen (RG. VII vom 15. April 1904 JW. 1904, 342).

i) Rechtskraft. Das Urteil wirkt nur zwischen den Parteien. Dem Urteile zur Abwehrklage kommt für den Schadensersatzprozeß keine Rechtskraftwirkung hinsichtlich der Verletzungsfrage zu. (RG. I vom 3. Juli 1901 RGZ. 49, 33; PMZBl. 7 [1901] 260).

Die Wirkung eines rechtskräftigen die Verletzung feststellenden Urteiles beschränkt sich nicht auf die im Urteile als verletzend angeführte Ausführungsform, sondern erstreckt sich darüber hinaus auf alle den Erfindungsgedanken des verletzten Gebrauchsmusters zum Ausdrucke bringenden Ausführungsformen (RG. vom 10. Mai 1911 PMZBl. 17 [1911] 227).

k) Einstweilige Verfügungen. (S. Wertheimer, Einstweilige Verfügungen in Patentverletzungsstreiten, MarkenS. u. W. 8, 121 ff.).

Glaubhaft zu machen ist das Recht und die Störung. „Grund" i. S. von § 941 ZPO. ist: die kurze Schutzdauer, die meist lange Dauer der Prozesse, die Schwierigkeit Schadensersatz zu erlangen (wissentliches oder grobfahrlässiges Handeln). (S. KG. in DJZ. 1908, 708).

Bringt jede Partei für ihren Standpunkt Gutachten herbei, so darf deshalb das Gericht nicht annehmen, der Antragsteller habe seine Behauptungen nicht glaubhaft gemacht; es darf auch nicht nach der autoritativen Bedeutung der Gutachten gehen, sondern hat sich selbst an Hand des beigebrachten Materials ein Urteil zu bilden (s. Wertheimer a. a. O., auch Rathenau, Widersprechende Gutachten bei einstweiligen Verfügungen in Patentstreitigkeiten, MarkenS. u. W. 7, 175). Die Anordnung mündlicher Verhandlung empfiehlt sich wohl immer.

l) Editionspflicht des Verletzers.

Der Eingetragene kann, falls eine Schutzverletzung begangen worden ist oder der Verdacht einer solchen begründet erscheint, gemäß § 809 BGB. die Vorlegung des betr. Gegenstandes verlangen, um sich zu orientieren, ob er ein Untersagungsrecht hat. (LG. I Berlin in Mittlg. VDP. 10, 120).

m) Der entschädigungspflichtige Verletzer des Schutzrechtes hat — in analoger Anwendung der §§ 687 Abs. 2, 681, 666 BGB. — über den von ihm erzielten Gewinn dem Schutzinhaber Rechnung zu legen und zwar über alle seine das Gebrauchsmuster verletzenden Geschäfte, auch wenn sie ihm einen Gewinn nicht gebracht haben (OLG. Hamburg vom 24. Oktbr. 1911 PMZBl. 18 [1912] 260). Es genügt die Offenlegung der Handelsbücher dem Gerichte oder einem Sachverständigen gegenüber (LG. Hamburg vom 20. Dezbr. 1910 PMZBl. 18 [1912] 259). S. auch § 9 N. 3 S. 105.

19. Gegen den, der zur Geltendmachung eines Gebrauchsmusters (materiell oder formell) nicht berechtigt ist, ebenso gegen den, der ein nicht rechtsbeständiges Gebrauchsmuster oder einen zu weitgehenden Schutz geltend macht, ist die Abwehrklage (RG. vom 26. Septbr. 1894 PMZBl. 1 [1894/95] 94) sowie gemäß § 823 BGB. die Schadensersatzklage wegen Betriebsstörung gegeben. (RG. vom 27. Febr. 1904 RGZ. 58, 24; JW. 1904, 292).

Löschungsklage gemäß § 6 und Abwehrklage können daher konkurrieren; der Uebergang von der einen zur anderen ist keine Klagänderung (OLG. Dresden in SeuffA. 64, 201, 203; Isay N. 10 zu § 4 PatG.). — Anmeldung des Gebrauchsmusters in Kenntnis des die Rechtsbeständigkeit ausschließenden Mangels begründet einen Schadensersatzanspruch nach § 826 BGB. (OLG. Breslau vom 26. Juni 1903 Recht 1903, 361).

Exkurs I.

Die Erfindungen von Angestellten.

Nach dem derzeitigen Stande der vielerörterten Frage des sog. Erfinderrechts der Angestellten steht der Anspruch auf die Eintragung eines Gebrauchsmusters dem Geschäftsherrn dann zu, wenn

a) der Dienstvertrag bestimmt, daß die im gegenwärtigen — oder m. E. auch in Aussicht genommenen — Arbeitsgebiet des geschäftlichen Unternehmens gemachten Erfindungen dem Geschäftsherrn gehören sollen. — Die Vertragsklausel, alle Erfindungen eines Angestellten sollen dem Geschäftsherrn gehören, ist gemäß § 138 BGB. nichtig;

b) die Erfindung im besonderen Auftrag des Geschäftsherrn gemacht ist;

c) die Erfindung im Rahmen des dem Angestellten vertraglich obliegenden Pflichtenkreis gemacht ist. Hierunter fällt m. E. auch die sog. Etablissementserfindung, d. h. eine Erfindung, die in einem Unternehmen entstanden ist, ohne daß einem der an der Ausarbeitung derselben beteiligten Angestellten ein ausschlaggebendes Erfinderverdienst zukommt.

Der Pflichtenkreis wird je nach der Stellung des Angestellten weiter oder enger zu ziehen sein. (Vgl. RG. vom 25. April 1901 PMZBl. 9 [1904] 294; RG. vom 4. März 1903 und vom 5. Oktober 1903 PMZBl. 9 [1903] 225, 438; RG. vom 17. April 1907 PMZBl. 13 [1907] 178; OLG. Dresden vom 17. Dezbr. 1909 MarkenS. u. W. 9, 336).

Ohne erhebliche Bedeutung ist, wann, wie und wo der Angestellte die Erfindung gemacht hat und ob ausschließlich Mittel des Geschäftsherrn dazu verwendet worden sind. (PatA. vom 17. Februar 1902 PMZBl. 10 [1904] 187; RG. vom 22. April 1894 PMZBl. 4 [1898] 140; JW. 1898, 365; RG. vom 14. Dezbr. 1903 RGZ. 56, 223).

Exkurs II.

Die Gebrauchsmusteranmaßung.

Eine dem § 40 PatG. analoge Bestimmung enthält das GebrMG. nicht. Trotzdem ist ein Einschreiten möglich gegen die „Gebrauchsmusteranmaßung“, d. h. das Versehen von Gegenständen oder deren Verpackung mit einer Bezeichnung, die geeignet ist — in den beteiligten Verkehrskreisen oder im Publikum — den Irrtum zu erregen, daß diese Gegenstände durch ein Gebrauchsmuster i. S. des Ges. vom 1. Juni 1891 geschützt seien oder die Verwendung einer Bezeichnung in öffentlichen Anzeigen, auf Geschäftspapieren u. dgl., welche geeignet ist, den Irrtum zu erregen, daß für die darin erwähnten Gegenstände ein Gebrauchsmusterschutz besteht. Es kann auf Grund der allgemein rechtlichen Bestimmungen (§§ 823, 826 BGB., § 1 GewO.) wegen Störung des Rechts auf freien Gewerbebetrieb Klage auf Unterlassung und bei schuldhafter Berühmung auch auf Schadensersatz erhoben werden (RG. in JW. 1894, 520). Ferner kann auf Grund der §§ 1, 3, 4 (22) und 13 UnlWG. Klage auf Unterlassung und Schadensersatz erhoben resp. Strafantrag gestellt oder Privatklage angestrengt werden. Denn die Behauptung, für einen Gegenstand bestehe ein gewerbliches Schutzrecht, enthält eine Angabe über geschäftliche Verhältnisse, die geeignet ist, den Anschein eines besonders günstigen Angebots hervorzurufen; letzteres deshalb, weil damit zum Ausdruck gebracht wird, einmal, daß ein Konkurrent diese Ware, weil sie für einen anderen gesetzlich geschützt ist, nicht liefern könne, dann, daß die fragliche Ware gegenüber der anderwärts angebotenen etwas Neues, das einen technisch-industriellen Fortschritt enthalte, darstellt. (S. auch OLG. Nürnberg vom 14. April 1902 ZJndR. 2, 132; RG. vom 28. Juni 1912 MarkenS. u. W. 12, 34).

Die Gebrauchsmusteranmaßung kann auch in der Verwendung der Worte: „gesetzlich geschützt", „patentamtlich geschützt", „Musterschutz" oder in dem Verwenden der Buchstaben: „G. M. Sch." u. dgl. gefunden werden.

Eine „öffentliche Bekanntmachung" ist darin nicht zu erblicken, daß eine Ware vertrieben wird, welche mit der unrichtigen Bezeichnung „D. R. G. M." oder dgl. versehen ist (RG. vom 11. Jan. 1893 RGSt. 25, 78); anders aber, wenn die Ware in das Schaufenster gestellt wird. (Isay N. 11 zu § 40 PatG.).

§ 5.

Soweit ein nach § 4 begründetes Recht in ein Patent eingreift, dessen Anmeldung vor der Anmeldung des Modells erfolgt ist, darf der Eingetragene das Recht ohne Erlaubnis des Patentinhabers nicht ausüben.

Imgleichen darf, soweit in ein nach § 4 begründetes Recht durch ein später angemeldetes Patent eingegriffen wird, das Recht aus diesem Patent ohne Erlaubnis des Eingetragenen nicht ausgeübt werden.

S. zu § 4 Abs. 2.

1. **Kollision zwischen einem Gebrauchsmuster und einem Patent** die verschiedenen Inhabern gehören und deren Anmeldungen nicht zu dem gleichen Zeitpunkte erfolgt ist. Bei gleichzeitiger Anmeldung bestehen beide Rechte unabhängig nebeneinander. (S. Isay N. 1 zu § 5).

Nach § 27 VO. vom 11. Juli 1891 (s. S. 131) wird vermutet, daß die Anmeldung, welche die höhere Geschäftsnummer trägt, später eingegangen ist, doch besteht die — sehr vage — Möglichkeit, den Nachweis zu führen, daß beide Anmeldungen gleichzeitig beim Patentamte eingegangen sind.

2. Bei zeitlichem Auseinanderfallen der betr. Anmeldungen wird das später angemeldete Schutzrecht **abhängig** von dem zuerst angemeldeten.

Die Wirkung des abhängigen Schutzrechtes ist nicht nur dem Schutzrechte, sondern auch Dritten gegenüber beschränkt; auch Dritte können sich daher auf die Beschränkung berufen. (Osterrieth, Lehrbuch S. 194; a. A. Cantor S. 830). Die von Cantor zu seiner Unterstützung angeführte RGEntsch. vom 11. Jan. 1902 (RGZ. 50, 111) trifft m. E. diese Frage nicht, da ja das RG. dem Inhaber des abhängigen Gebrauchsmusters nur insoweit als schadensersatzberechtigt bezeichnet, als dieses nicht mit dem Patente kollidiert.

3. Durch das ältere Gebrauchsmuster tritt nur eine **zeitweise** Beschränkung in der Ausübung des später angemeldeten Patentes ein, die wegfällt, wenn das ältere Gebrauchsmuster (durch Zeitablauf oder aus einem sonstigen Grunde) erlischt. Eine Patentnichtigkeitsklage kann daher nicht auf die Identität des Anmeldungsgegenstandes mit dem Erfindungsgegenstand eines früheren Gebrauchsmusters gestützt werden (RG. I vom 25. Oktbr. 1905 RGZ. 61, 399).

4. Ein Gebrauchsmuster greift in den Schutzbereich eines früher angemeldeten Patentes nicht nur dann ein, wenn das Patent das Gebrauchsmuster vollständig vorweggenommen hatte, sondern auch schon dann, wenn das Gebrauchsmuster zwar einen selbständigen und sogar schutzfähigen Fortschritt gegenüber dem Patent erkennen läßt, aber den durch das Patent geschützten Erfindungsgedanken mit benutzt (RG. vom 22. Dezbr. 1909 MarkenS. u. W. 9, 256 Recht 1910 Nr. 802).

5. Die Gerichte haben den Schutzumfang beider Rechte zu prüfen und festzustellen. Die Abhängigkeit kann im Wege der Feststellungsklage, der Verletzungs- (Schadensersatz-) Klage, wie auch (beim Mangel der Neuheit) der Löschungsklage (bei einem Gebrauchsmuster), resp. der Nichtigkeitsklage (bei einem Patente) geltend gemacht werden.

6. Von der Abhängigkeitsklage kann nicht ohne Zustimmung des Beklagten auf die Löschungsklage mangels Neuheit übergegangen werden: Klageänderung (RG. vom 22. Dezbr. 1909 MarkenS. u. W. 9, 256).

§ 6.

Liegen die Erfordernisse des § 1 nicht vor, so hat jedermann gegen den Eingetragenen Anspruch auf Löschung des Gebrauchsmusters.

Im Falle des § 4 Absatz 3 steht dem Verletzten ein Anspruch auf Löschung zu.

Abs. 1.

1. Mit der Klage nach § 6 Abs. 1 wird nicht ein obligatorisches Recht auf Abgabe einer Willenserklärung, der Löschungsbewilligung, geltend gemacht (so unzutreffend Schanze: Anspruch auf Löschung des Gebrauchsmusters [1905] § 7); ihre Aufgabe ist vielmehr, ein Scheinrecht zu zerstören (RG. vom 22. Mai 1909 PMZBl. 15 [1909] 311; RGZ. 71, 195).

A. Absolute Löschungsgründe.

2. Aktivlegitimation. (Popularklage).

a) Jede partei- und prozeßfähige Person ist auch ohne eigenes Interesse und ohne Störung im eigenen Gewerbebetrieb durch die Eintragung des Gebrauchsmusters zur Klageerhebung legitimiert; daher auch (prozeßfähige) Verbände zur Förderung gewerblicher Interessen, Korporationen u. dgl. Da der Löschungsanspruch im Interesse der Allgemeinheit geltend gemacht wird, kann nicht die Einrede der Schikane (§ 226 BGB.) erhoben werden. — Ein Ausländer ist ohne besondere Inlandsvertreter (s. § 13) klageberechtigt, natürlich unter Wahrung der entsprechenden zivilprozessualen Vorschriften.

b) Nicht klageberechtigt ist:

α) wer dem Gebrauchsmusterinhaber gegenüber darauf verzichtet hat (s. Kohler, Musterrecht S. 130 u. a.; a. A. OLG. Dresden vom 8. Juli 1905 PMZBl. 12 [1906] 309);

β) wer das Ausnutzungsrecht des Gebrauchsmusters oder eine Lizenz auf dasselbe erworben hat (ähnlich Kohler S. 130). — Dagegen ist klageberechtigt der Urheber resp. der frühere Inhaber des Gebrauchsmusters;

γ) wer im Interesse, Auftrage usw. eines bereits rechtskräftig mit der Löschungsklage Abgewiesenen klagt;

δ) wer als Strohmann des Gebrauchsmusterinhabers klagt, z. B. weil dieser sich von einer ihm lästigen Lizenz befreien will. (RG. I vom 14. Dezbr. 1901 PMZBl. 8 [1902] 177; JW. 1902, 98).

Anstiftung zur Klageerhebung macht, falls dieselbe auch im eigenen Interesse des Klägers erfolgt, diesen nicht zur vorgeschobenen Person des Anstifters.

c) Nebenintervention ist an sich zulässig, jedoch von dem Nachweise abhängig, daß gerade dieser Kläger obsiege. (RG. I vom 27. Febr. 1909 PMZBl. 2 [1906] 152; KG. vom 16. Mai 1900 Rspr. OLG. 1, 171).

Bei reiner Popularklage ist daher eine Nebenintervention unzulässig. Die Angabe des Interesses des Klägers an der Löschung des Gebrauchsmusters ist in der Klageschrift empfehlenswert, um den Beitritt eines Dritten als Nebeninterventienten zu erleichtern.

3. Passivlegitimation.

a) Nur gegen den in der Rolle „Eingetragenen" Musterinhaber kann geklagt werden, mag er auch nicht mehr Träger des Rechtes sein. In einem solchen Falle ist eine Streitverkündung des Eingetragenen an seinen Rechtsnachfolger (§ 72 ZPO.) dringend zu empfehlen. — Aenderungen in der Person des Eingetragenen nach Zustellung der Klage sind ohne Einfluß auf die Parteirolle: §§ 265, 727, 750 ZPO. Mehrere Eingetragene sind zusammen zu verklagen, sie werden meistens als notwendige Streitgenossen zu erachten sein.

(Kohler, Musterrecht S. 132; Isay N. 3 zu § 6; a. A. KG. vom 27. Febr. 1907 PMZBl. 14 [1908] 26).

Hat der Gebrauchsmusterinhaber im Inlande keinen Wohnsitz oder keine Handelsniederlassung und demgemäß (§ 13) einem Inlandsvertreter bestellt, so kann diesem sowohl, wie dem Schutzinhaber selbst die Klage zugestellt werden. Der Inlandsvertreter ist m. E. kraft gesetzlicher Vollmacht hierfür legitimiert. Vorsorglich ist jedoch auch die Zustellung an den Gebrauchsmusterinhaber selbst zu bewirken.

4. Geltendmachung der mangelnden Schutzfähigkeit des Gebrauchsmusters resp. des Löschungsanspruchs:

a) durch Klage im ordentlichen oder schiedsrichterlichen Verfahren,

b) durch Einrede z. B. in einer Klage des Inhabers auf Zahlung der Lizenzgebühr,

c) durch Widerklage.

Keine Unterbrechung des Verfahrens durch Konkurs des Klägers usw., da der Anspruch auf Löschung, weil er keinen Vermögenswert darstellt, nicht zur Konkursmasse gehört.

5. Klagegrund. (S. N. 11 u. 12).

a) 1. Mangel der Modellfähigkeit.

2. Modell stellt keine Arbeitsgerätschaft oder keinen Gebrauchsgegenstand dar.

3. Fehlen des wirtschaftlichen Gebrauchszweckes (z. B. ein sittenwidriger Gebrauchszweck).

4. Die Gestaltung, Anordnung oder Vorrichtung dient nicht dem Arbeits- oder Gebrauchszweck.

5. Fehlen einer erfinderischen Tätigkeit.

6. Neuheitsmangel. — Ist das Modell bezüglich der in der Anmeldung als neu angegebenen Gestaltung usw. nicht schutzfähig, so ist das Gebrauchsmuster zu löschen, selbst wenn der Gegenstand in anderer Richtung schutzfähig ist. (LG. Berlin vom 28. April 1894 PMZBl. 1, 205).

7. Nichtangabe der neuen Gestaltung, Anordnung oder Vorrichtung in der Anmeldung (RG. vom 8. Jan. 1898 RGZ. 40, 140).

8. Nicht aufzuklärender Widerspruch zwischen der Beschreibung und dem hinterlegten Modelle, wodurch eine Unverständlichkeit der Anmeldung und damit die Schutzunfähigkeit des Gebrauchsmusters herbeigeführt wird. (OLG. Hamburg vom 8. Febr. 1912 MarkenS. u. W. 11, 444).

b) Streitig ist, ob jeder der Mängel 1—8 einen besonderen Klagegrund darstellt. Diese Streitfrage ist viel erörtert bei der Patentnichtigkeitsklage, mit welcher die Löschungsklage ja eine so große Aehnlichkeit hat, daß Kohler (Musterrecht S. 128/130 ff.) sie als Nichtigkeitsklage bezeichnet; jedoch können hier nicht ohne weiteres die dort geltenden Grundsätze verwendet werden. (S. Cantor S. 839; a. A. Isay Anm. 3 zu § 6).

Man wird für das Gebrauchsmusterrecht annehmen müssen, daß ein rechtsgültiges Gebrauchsmuster dann nicht entstehen kann, wenn eines der Erfordernisse des § 1 GebrMG. fehlt; welches derselben nicht vorhanden sein soll, ist in der Klageschrift darzulegen. Die tatsächliche Substanziierung dieses Mangels kann ohne Gefahr der Klageänderung während des Prozesses geändert werden. (RG. I vom 17. Oktbr. 1898 PMZBl. 5 [1899] 28; JW. 1898 S. 646).

Einer auf denselben Mangel gestützten, aber tatsächlich anders begründeten Löschungsklage desselben Klägers steht der Einwand der rechtskräftig entschiedenen Sache entgegen. (PatA. vom 12. Febr. 1906 PMZBl. 12 [1906] 269; RG. I vom 12. Novbr. 1887 PMZBl. 1887, 425).

Der ursprünglich als Klagegrund angegebene Mangel eines Erfordernisses des Gebrauchsmusterschutzes kann nicht durch einen anderen ersetzt werden resp. es kann nicht ein anderer nachgeschoben werden. (OLG. Dresden vom 9. Juni 1909 ZIndR. 10, 234).

Die hier vertretene Ansicht teilen: Allfeld § 6 N. 5 a, Cantor S. 837 ff., Robolski § 6 N. 1 b, Stephan und Schmidt S. 371; a. A. Isay Anm. 3 zu § 6; Seligsohn N. 4 zu § 6 in der 4. Aufl.

Ob durch die Zulassung der darin liegenden Klageänderung die Verteidigung des Beklagten nicht wesentlich erschwert wird (§ 264 ZPO.), ist Frage des Einzelfalls.

Mit Rücksicht auf diese Streitfrage wird man zweckmäßig die Löschungsklage einfach auf den Mangel eines schutzfähigen Modelles gründen und unter Vorbehalt weiterer tatsächlicher Substanziierung den einen Löschungsgrund besonders hervorheben.

Eine unzulässige Klageänderung ist aber immer darin zu finden, wenn die auf § 6 Abs. 1 gestützte Löschungsklage auf Abs. 2 (widerrechtliche Entnahme) gegründet werden soll. (RG. I vom 8. Novbr. 1902 JW. 1903, 30).

6. Der Antrag der Löschungsklage ist zweckmäßig dahin zu formulieren, den Beklagten zu verurteilen, die Löschung des unter Nr. . . . in die Gebrauchsmusterrolle des Kaiserlichen PatA. eingetragenen Gebrauchsmusters zu bewilligen.

Das diesem Antrage entsprechende rechtskräftige Urteil ersetzt die Löschungsbewilligungserklärung des Eingetragenen (§ 894 ZPO.). Wird Antrag und Urteil, wie es häufig geschieht, dahin formuliert, daß der Beklagte verurteilt wird, die Löschung zu beantragen, so muß erst noch das Verfahren des § 888 ZPO. eingeleitet werden.

Gegen die Ansicht, das Urteil habe die Löschung des Gebrauchsmusters anzuordnen, mit Recht Seligsohn N. 5 zu § 6.

7. Zuständigkeit.

Der für die sachliche Zuständigkeit maßgebende Streitwert bemißt sich nach dem Interesse des Klägers an der Löschung: Beseitigung der Konkurrenz des Gebrauchsmusterinhabers und seiner Lizenzträger (ähnlich RG. I vom 23. April 1902 JW. 1902, 309). RG. I. vom 22. Dez. 1909 ZJndR. 1910, 201 und mit ihm Cantor S. 866 wollen das Interesse nach der Höhe der Lizenzgebühren schätzen, welche der Kläger in angemessener Weise für den Rest der Schutzzeit des rechtsbeständigen Gebrauchsmusters event. noch aufwenden müßte, um die Benutzung desselben zu erlangen. Dieser Gesichtspunkt dürfte unzutreffend sein, da die Erteilung von Lizenzen im freien Belieben des Gebrauchsmustersinhabers steht und er regelmäßig ein Interesse daran haben wird, daß er unbehindert durch Konkurrenz sein Ausschlußrecht ausüben kann. Hat er Lizenzen erteilt, so wird er auch meistens an der weiteren Abgabe von solchen gehindert sein.

Bedenklich ist diese der reichsgerichtlichen Judikatur entsprechende Ansicht deshalb, weil bei geringem Interesse des Klägers ein wertvolles Gebrauchsmuster der Löschung unterliegen kann, ohne daß ein höheres Gericht in die Lage kommt darüber zu befinden.

Gehört die Klage an das Landgericht, so muß sie bei der Kammer für Handelssachen anhängig gemacht werden.

8. Streitig ist, wen die Beweislast trifft, d. h. wer das Nichtvorhandensein der Voraussetzungen des § 1 zu beweisen hat. Allfeld (§ 6 N. 7 d) und Isay (§ 6 Anm. 6) bürden sie dem Kläger auf, Cantor S. 864 und wohl auch Seligsohn (N. 8 zu § 6; ungenau durch Zitierung der nicht aufgenommenen Ausführungen der früheren Auflage) lassen den Beklagten für das Bestehen des Schutzrechtes beweispflichtig sein. Diese Ansicht ist als zutreffend zu erachten. Näheres s. bei Cantor S. 864, 865.

Gutachten des PatA. s. § 4 N. 18 g.

9. Streitig ist, wen die Kosten treffen, falls der vor Klageerhebung zur Löschung nicht aufgeforderte Beklagte sofort den Löschungsanspruch anerkennt. Vorsorglich daher stets auffordern!

Nach Allfeld S. 410, Seligsohn (N. 9 zu § 6), Isay (Anm. 6 zu § 6) fallen sie dem Kläger zur Last. M. E. hat sie aber der Beklagte zu tragen, weil derjenige, welcher ein schutzunfähiges Modell zur Eintragung bringt, durch die beanspruchte Monopolisierung objektiv rechtswidrig in die allgemeine Gewerbefreiheit eingreift. (Cantor S. 855). Einen Mittelstandpunkt nimmt LG. Breslau (Urt. vom 23. Sept. 1902 PMZBl. 9 [1903] 149) ein; es unterscheidet, ob Beklagter den Mangel der Schutzfähigkeit gekannt hat oder nicht. — Jedenfalls bedarf die Löschungs-Aufforderung keiner besonderen Darlegung der Gründe. (OLG. Düsseldorf vom 15. Dezbr. 1911 PMZBl. 18 [1912] 150).

10. Löschung kraft Urteils.

a) Das Gebrauchsmusterrecht erlischt mit der Löschung in der Gebrauchsmusterrolle.

Eine Bekanntmachung des PatA. (PMZBl. 1, 155) führt zutreffend aus:

„Die gerichtlichen Urteile auf Löschung von Gebrauchsmustern wirken nur unter den Parteien. Erst die Löschung beseitigt die Eintragung und damit die formale Voraussetzung des Schutzrechts. Ob auf Grund des Urteils die Löschung erfolgen soll, hat der Prozeßgegner des eingetragenen Inhabers zu bestimmen. Er kann auch nach Rechtskraft des Urteils auf seinen Löschungsanspruch verzichten oder dessen weitere Geltendmachung unterlassen. Auf die von den Gerichten dem Kaiserlichen PatA. zugehenden rechtskräftigen Löschungsurteile wird deshalb die Löschung nicht verfügt. Vielmehr bedarf es eines darauf gerichteten Parteiantrages. Bis dahin wird das Gebrauchsmuster als fortbestehend behandelt. Insbesondere erhält der Inhaber trotz des vorliegenden Löschungsurteils die übliche Erinnerung an die Zahlung der Verlängerungsgebühr und es wird der Eingang dieser Zahlung in der Rolle vermerkt. Ist bei Vorlage jenes Parteiantrags das Gebrauchsmnster — wegen Ablaufs der Schutzfrist oder Verzichts oder auf Antrag des Inhabers — bereits gelöscht, so wird ein Vermerk über das Löschungsurteil in die Rolle nicht aufgenommen. Denn der Anspruch aus § 6 des Gesetzes vom 1. Juni 1891 entspricht nicht etwa dem Anspruch auf die rückwirkende Nichtigkeitserklärung eines Patentes, sondern richtet sich nur auf die Löschung, d. h. auf die Tilgung des Eintragungsvermerks und ist nach anderweit bewirkter Löschung gegenstandslos." S. zu Abs. g.

b) Rechtskräftige Löschungsurteile preußischer Gerichte sind von den Gerichten dem PatA. — nur informandi causa! — mitzuteilen (s. Preuß. JMBl. 1893, 69).

c) Für den Antrag an das PatA. auf Löschung erhält ein Rechtsanwalt die Zwangsvollstreckungsgebühr (§ 23 Ziff. 2 GebO. f. RA.).

d) Da Urteile in Löschungssachen nur zwischen den Parteien wirken, können Dritte nach rechtskräftiger Erledigung des Prozesses auf Grund des gleichen Sachverhalts nochmals die Löschungsklage anstrengen, falls die Löschung nicht bewirkt worden ist, und es muß auch die Frage der Rechtsbeständigkeit des gelöschten Gebrauchsmusters, die in einem anderen Prozesse behandelt worden ist, hier neu entschieden werden.

e) Die Abweisung der Löschungsklage ist nicht präjudiziell für einen sonstigen das Gebrauchsmuster betreffenden Rechtsstreit der Parteien (Unterlassungs-, Schadensersatzklage usw.).

f) Für Dritte wird das Löschungsbewilligungsurteil erst mit der Bewirkung der Löschung von Bedeutung. Macht der siegreiche Kläger von dem Urteil keinen Gebrauch, vielleicht infolge einer Vereinbarung mit dem Beklagten, so besteht das Gebrauchsmuster weiter formell zu Recht.

g) Die Löschung des Gebrauchsmusters hat rückwirkende Kraft. So RG. I vom 22. Mai 1909 RGZ. 71, 195, JW. 1909, 431 mit eingehender Begründung gegen Schanze: Anspruch auf Löschung des Gebrauchsmusters § 7; wie dieser auch Cantor S. 862 und Isay N. 8 zu § 6; rückwirkende Kraft nimmt jetzt auch (anders die früheren Auflagen) Seligsohn N. 6 zu § 6 an.

Daher sind Verletzungen ohne rechtliche Bedeutung; kein Schadensersatz, keine Strafe und zwar auch für Dritte nach erfolgter Löschung.

h) Falls während des Prozesses das Gebrauchsmuster infolge Zeitablaufs usw. erlischt, so ist der Klageantrag dahin zu ändern: festzustellen, daß das Gebrauchsmuster nicht zu Recht eingetragen worden war (RG. I vom 22. Mai 1909 RGZ. 71, 395).

11. Ein Löschungsgrund ist nicht gegeben:

a) bei unklarer Fassung der Anmeldung (Beschreibung oder des etwa beigefügten Schutzanspruchs);

b) bei mangelnder Einheitlichkeit (RG. v. 1. Mai 1895 PMZBl. 2 [1896] 6; RG. vom 19. Juni 1897 JW. 1897, 474);

c) bei Identität mit einem älteren Muster (RG. I vom 8. Mai 1897 JW. 1897, 351. So auch Isay N. 4 zu § 6; a. A. Cantor S. 841.

12. Beim Mangel der Geschäftsfähigkeit des Anmelders ist die Löschungsklage möglich. (So auch Cantor S. 840; dagegen Isay N. 1 zu § 6).

13. Teillöschung. Darüber, ob eine solche zulässig ist, besteht Streit; die gesamte juristische Literatur bejaht diese Frage dann, wenn: a) mehrere Schutzansprüche vorhanden sind, b) es sich um eine Einschränkung des Schutzumfanges handelt. Daß nach der Teillöschung noch ein selbständiges schutzfähiges Gebrauchsmuster zurückbleiben muß, ist selbstverständlich; dieses darf gegenüber dem ursprünglichen nur ein minus, kein aliud darstellen. (Vgl. RG. I vom 20. März 1902 RGZ. 48, 73; PMZBl. 7 [1901] 218; RG. I vom 19. Mai 1900 JW. 1900, 531, 532; RG. I vom 18. Jan 1902 JW. 1902, 137; OLG. Frankfurt PMZBl. 1 [1894/95] 120; Dresden PMZBl. 5 [1899] 85; Hamburg ebenda 8 [1900] 390; Bamberg 14 [1908] 33; Allfeld S. 411; Isay N. 15 § 6; Seligsohn Anm. 4 zu § 6; Cantor S. 870).

Dagegen verneint das PatA. (PMZBl. 5 [1899] 86) die Zulässigkeit der Eintragung eines auf Teillöschung lautenden Urteils in die Gebrauchsmusterrolle, weil das Gesetz eine Teillöschung nicht kenne. Damit ist diese Frage, falls das PatA. seine Ansicht mit Rücksicht darauf, daß das GebrMG. seine Ergänzung aus patentrechtlichen Vorschriften zu erfahren hat, nicht ändert, zunächst für die Praxis erledigt. Ein erneuter Versuch, das PatA. zu einer Aenderung seiner Stellungnahme zu veranlassen, dürfte sich unter Hinweis auf diesen Gesichtspunkt empfehlen, besonders da diese im Gegensatz zu seiner Mitteilung (PMZBl. I [1894/95] 152) steht, wonach nachträgliche Eingaben, die ersichtlich nur eine Einschränkung des in der Anmeldung beanspruchten Schutzes enthalten, während der ganzen Dauer der Schutzfrist für zulässig erklärt werden.

Die in der Teillöschung liegende Beschränkung des Schutzumfanges kann auch dadurch erfolgen, daß ein weiteres Merkmal den im Schutzanspruch angegebenen hinzugefügt wird. (RG. I vom 3. Oktbr. 1908 RGZ. 69, 331; PMZBl. 15 [1909] 141). — Eine Teillöschung kann nicht so erfolgen, daß beim Schutze einer Kombination der Schutz auf ein Element derselben beschränkt wird. (RG. vom 8. Jan. 1902 PMZBl. 8 [1902] 132; JW. 1902, 137).

14. Der Klageantrag bei der Teillöschung ist so zu formulieren:

. . . den Beklagten zu verurteilen, einzuwilligen, daß die Eintragung unter Nr. . . . der Gebrauchsmusterrolle dahin abgeändert wird: . . . oder: . . . fortan folgenden Wortlaut enthält, oder aber, was wohl mit Rücksicht auf die Praxis des PatA. zurzeit einzig in Betracht kommt: . . . festzustellen, daß das Gebrauchsmuster Nr. . . . nur mit der Beschränkung . . . zu Recht besteht.

Abs. 2.

15. B. Relativer Löschungsgrund; anfechtbares Gebrauchsmuster.

a) Keine Popularklage. Aktiv legitimiert ist nur der Verletzte und seine Rechtsnachfolger; der Verletzte kann eine andere Person als der Mustererfinder sein. (Kohler, Musterrecht S. 134).

Bei mehreren Verletzten ist jeder einzelne klageberechtigt.

b) Widerrechtliche Entnahme s. § 4 Abs. 3 N. 16.

c) Ein Gerichtsstand ist auch an dem Orte, an dem die widerrechtliche Entnahme stattgefunden hat, gegeben. (§ 32 ZPO.).

d) Die Beweislast für die widerrechtliche Entnahme trifft den Kläger.

e) Im übrigen s. die Erläuterungen zu Abs. 1.

f) Der Uebergang von der Löschungsklage aus Abs. 2 auf eine solche aus Abs. 1 und umgekehrt stellt eine Klageänderung dar. (OLG. Bamberg vom 1. Febr. 1907 SeuffArch. 62, 417).

§ 7.

Das durch die Eintragung begründete Recht geht auf die Erben über und kann beschränkt oder unbeschränkt durch Vertrag oder Verfügung von Todeswegen auf andere übertragen werden.

1. Schon vor der Anmeldung ist das Recht an der Erfindung vererblich und — formlos — übertragbar; dasselbe besteht in diesem Zeitpunkt im wesentlichen nur in der Verfügungsmacht. Bei Ausnutzung desselben ist die Gefahr der Neuheitszerstörung zu beachten.

2. Auch das durch die ordnungsmäßige Anmeldung des Gebrauchsmusters erworbene Recht ist verkehrsfähig, wie das durch die Eintragung begründete Recht. Vertrag formlos.

Dasselbe ist noch kein Ausschlußrecht. Das Recht vor und nach der Anmeldung ist gegen Beeinträchtigung und widerrechtliche Entnahme (kein Unterschied, ob diese gut- oder schlechtgläubig erfolgt [RG. vom 23. Oktbr. 1880 PMZBl. 1881, 29; RGZ. 2, 137]) geschützt und zwar ohne Unterschied, ob der Besitzer der in dem Gebrauchsmustergegenstand verkörperten Erfindung ihr Urheber ist oder nur von diesem sein Recht ableitet. Bei widerrechtlicher Entnahme des wesentlichen Inhaltes der Anmeldung aus den Beschreibungen usw. eines anderen kennt das GebrMG. kein Einspruchsrecht gegen die Eintragung oder ein Rückziehungsrecht wie PatG. § 3 Abs. 2 (s. § 3 N. 7). Dem Erfindungsinhaber stehen zum Schutze folgende Rechtsbehelfe zur Seite:

a) Klage auf Unterlassung
  α) der Bekanntgabe des neuen Modells,
  β) der Anmeldung desselben zum Gebrauchsmusterschutz.
b) Klage auf Beseitigung der erfolgten Beeinträchtigung,
c) Klage auf Uebertragung des Rechtes aus der Anmeldung zum Gebrauchsmusterschutz resp. des eingetragenen Gebrauchsmusters.

  Hat der Entwender Zusätze gemacht, die keine selbständige Bedeutung haben, so fallen diese dem Verletzten zu (RG. vom 23. Oktbr. 1880 Bl. 1881, 29; RGZ. 2, 137; RG. vom 11. Juni 1890, Bolze 10, 178). — Bei Zusätzen, denen eigene Schutzqualität zukommt, tritt Rechtsgemeinschaft ein. Letzteres kann bei Unteransprüchen (§ 2 N. 3e γ) von Bedeutung werden.

d) Klage auf Schadensersatz oder Herausgabe des aus der Benutzung des Gebrauchsmustergegenstandes erzielten Gewinnes. Ist der Beklagte in gutem Glauben, so haftet er nur in Höhe seiner Bereicherung; von Klageerhebung aber an, oder wenn er bösgläubig ist, auf Herausgabe der gezogenen und der zu ziehenden Nutzungen (Lizenzgebühren usw.) s. Isay S. 105/6. Beklagter kann seine notwendigen Ausgaben für Erlangung des Schutzrechtes, z. B. Modellkosten, Schutzgebühr usw. in Anrechnung bringen (s. RG. vom 24. Jan. 1906 PMZBl. 12 [1906] 221; RGZ. 62, 320; JW. 1906, 207).
e) Klage auf Unterlassung der Gebrauchsmusterausübung resp. -Ausbeutung.
f) Klage auf Feststellung, daß dem Kläger gegenüber der Gebrauchsmusterschutz nicht wirksam sei (s. § 4 Abs. 3).

Daneben können je nach Lage des Falles noch in Betracht kommen: Klagen auf Grund der §§ 823, 826 BGB., des § 17 des Ges. gegen den unlauteren Wettbewerb (Verrat von Geschäftsgeheimnissen seitens Angestellter), §§ 18, 19 UnlWG. (unbefugte Verwertung von Modellen, Zeichnungen usw., die man einem anderen im geschäftlichen Verkehr anvertraut hat, zu Wettbewerbszwecken im eigenen oder fremden Interesse). Ueber die letztere Gesetzesbestimmung, die ein neues eigenartiges, die Urheberrechte ergänzendes Schutzrecht schafft, vgl. Wertheimer, MarkenS. u. W. 9, 79 ff., insbes. S. 83; derselbe LZ. 3, 293 ff.; 4, 724; GewRSchutz 15, 244.

Zweckmäßig wird man die erwähnten Ansprüche durch Erwirkung entsprechender einstweiliger Verfügungen sich sichern lassen.

3. § 7 handelt nicht vom Urheberrecht. Dieses verbleibt auch, wenn das durch die Eintragung begründete Recht übertragen wird, bei dem Urheber. Derselbe kann sich als Erfinder bezeichnen (Erfinderehre), die den Gegenstand des Gebrauchsmusters bildende Erfindung im Auslande benutzen, daselbst Schutzrechte dafür erwerben usw.

4. „Das durch die Eintragung begründete Recht" (d. i. das Gebrauchsmusterrecht, s. § 4) ist ein absolutes, dingliches Vermögensrecht.

4a. Das Gebrauchsmuster als Vermögenswert:

Das Gebrauchsmuster muß als Vermögensobjekt in die Bilanz des Kaufmanns aufgenommen werden. Schwierigkeiten dürfte aber hier, wie auch beim Verkauf und Einbringen desselben in eine Gesellschaft usw., die Wertbemessung machen. Für dieselbe ist in Betracht zu ziehen:

Die Kosten der Versuche, der etwaige Erwerbspreis, die jeweilige Dauer des Schutzrechtes; die Frage, ob die praktisch-gewerbliche (industrielle) Ausbeutung gewährleistet ist, welche Resultate sie ergeben hat, resp. für sie gesichert sind. Zu berücksichtigen ist hierbei, ob das Gebrauchsmuster ein allgemeines Bedürfnis oder nur das bestimmter Kreise befriedigt, oder überhaupt ein neues Bedürfnis erst hervorrufen will. In Betracht zu ziehen ist weiter, ob etwa Vorbenutzungsrechte Dritter existieren, ob Lizenzverträge abgeschlossen sind und wie event. durch dieselben die eigene Ausnutzbarkeit des Gebrauchsmusters beinflußt wird.

Weiter ist zu beachten, ob das Gebrauchsmuster nicht etwa nur dazu bestimmt ist, die Konkurrenzfähigkeit bezüglich eines anderen, von dem Inhaber desselben geführten Artikels sicher zu stellen, es also nur einen imaginären Wert als Abwehrmittel hat; ob und inwieweit die Gefahr besteht, daß das Gebrauchsmuster durch neue Erfindungen überholt wird.

Hierbei ist auch auf die Art der betr. Industrie Wert zu legen, ob dieselbe noch in den Anfangsstadien der Entwicklung steht oder ob sie bereits zu einer gewissen Höhe sich entwickelt hat und zu einem gewissen Stillstand gekommen ist. Vor allem muß aber dem Umstande Rechnung getragen werden, daß Gebrauchsmuster ohne Prüfung seitens des PatA. eingetragen werden und daß ihre Rechtsbeständigkeit also jederzeit angefochten werden kann.

5. Erbgang. Intestat-, Testaments- und Vertragserbfolge möglich. Maßgebend das Erbrecht des Staates, dem der Gebrauchsmusterinhaber angehört (Art. 24 ff. EGBGB.). — Vermächtnis erzeugt nach § 2174 BGB. einen Anspruch auf Uebertragung des Gebrauchsmusters. — Kein Erlöschen der zu einem erblosen, dem Fiskus anfallenden Nachlasse gehörenden Gebrauchsmuster. Ueber die (wünschenswerte) Stellungnahme des Fiskus vgl. Kohler, Handbuch S. 602; Damme, GewRSchutz 5, 2.

6. Vertrag. Steht das Gebrauchsmuster mehreren zu, so gehört zu Verfügungen über dasselbe, auch zur Erteilung von Lizenzen, Einstimmigkeit der Inhaber.

I. Unbeschränkte Uebertragung.

a) Die Bezeichnung „Vertrag" ist ungenau; das Gebrauchsmusterrecht kann auch durch ein einseitiges Rechtsgeschäft, z. B. Stiftung, übertragen werden.

In Betracht kommen die §§ 413, 398 ff. BGB. (s. Seligsohn N. 3 zu § 6 PatG.; Cantor S. 882). A. A. ist Isay (N. 3 zu § 6 PatG.), der nach §§ 873, 925 BGB. zwischen dem dinglichen und obligatorischen Vertrage unterscheidet. Praktisch ist diese Streitfrage von untergeordneter Bedeutung;

denn regelmäßig fallen bei der Uebertragung eines Gebrauchsmusters „Vertrag" und „Einigung" zeitlich zusammen resp. die Abtretung des Gebrauchsmusters vollzieht sich mit dem Verkaufe usw. unmittelbar und stillschweigend.

b) Doppelveräußerung (s. § 3 N. 8). Zum Vertrag muß die Eintragung des Uebergangs des Gebrauchsmusterrechts in die Rolle kommen (RG. I vom 13. Febr. 1911 RGZ. 75, 225 PMZBl. 17 [1911] 218). Anders die herrschende Meinung, welche den Ersterwerber schon durch den Vertrag Eigentümer werden läßt und denselben gegen den eingetragenen Zeiterwerber eine Klage auf Einwilligung zur Berichtigung der Rolle gibt.

c) Der Anspruch auf Uebertragung ist rein obligatorisch, wirkt also nur unter den Beteiligten.

Neben dem ausschließlichen Ausnutzungs- und Verbietungsrechte geht auch die Verfügungsmacht über das Gebrauchsmuster über. Dem bisherigen Inhaber steht kein Vorbenutzungsrecht zu; es verbleiben ihm aber alle bis zur Uebertragung (resp. bis zur Eintragung des Uebergangs in die Gebrauchsmusterrolle nach der hier vertretenen Ansicht) entstandenen Rechte aus Verletzungen des Gebrauchsmusterrechts (Schadensersatzansprüche, Antrag auf Strafverfolgung usw.).

d) Für den „Vertrag" bestehen keine speziellen Formvorschriften, falls nicht das zugrunde liegende Rechtsgeschäft die Wahrung einer solchen erfordert, z. B. § 518 BGB.; dies auch dann, wenn der Vertrag im Auslande getätigt wird und hier die Einhaltung gewisser Formen vorgeschrieben sein sollte. Das Gebrauchsmuster gilt nach dem Territorialitätsprinzip als eine in Deutschland befindliche unbewegliche Sache (Art. 11 Abs. 1 EG. BGB.; vgl. RGZ. 31, 56).

e) Der Erwerber kann die Ausstellung einer Urkunde verlangen, die geeignet ist in beweisender Form — gerichtliche, notarielle oder konsularische Unterschriftsbeglaubigung — die Uebertragung des Rechtes zur Kenntnis des Patentamtes zu bringen. Die Frage, wer die Kosten der Ausstellung dieser Urkunde zu tragen hat, ist mangels Vereinbarung darnach zu entscheiden, wie der Uebertragungsvertrag in casu rechtlich zu charakterisieren ist. Liegt nur eine Abtretung i. S. von §§ 413, 398 ff. BGB. vor, dann hat nach § 403 BGB. der neue Erwerber die Kosten zu tragen, während bei einem Kauf der bisherige Gebrauchsmusterinhaber gemäß § 448 Abs. 2 BGB. dafür einzustehen hat.

f) Verstempelung der Vertragsurkunde.

1. Baden: Stempelfreiheit.
2. Bayern: Stempelfreiheit. Es sind jedoch für jedes notariell beurkundete (ein- oder zweiseitige) Rechtsgeschäft 3 vom Tausend der „Gegenstandssumme", resp. falls dieselbe 2000 Mk. nicht übersteigt, 2 ½ vom Tausend zu entrichten (Art. 144, 145 BayGebG. in der Fassung der Bekanntmachung vom 13. Juli 1910).
3. Elsaß-Lothringen: Stempelfreiheit. Es wird jedoch (VerkehrStG. vom 14. Novbr. 1904) einerlei, ob es sich um eine einseitige Erklärung des Gebrauchsmusterinhabers handelt oder um einen zweiseitigen Vertrag, (Kauf usw.) eine Verkehrssteuer von 2 % erhoben, wenn das Rechtsgeschäft notariell beurkundet wird. Die notarielle Beglaubigung der Unterschriften macht nicht verkehrssteuerpflichtig.
4. Hamburg: Es ist ein Stempel von 1 vom Tausend des Wertes der Gegenleistung oder wenn ein solcher in der Urkunde nicht angegeben ist, des Wertes (Geldbetrages) des abgetretenen Rechtes zu entrichten. (N. 1 des Stempeltarifs, Anlage zum Gesetz betr. Stempelabgabe vom 11. Novbr. 1903). — Handelt es sich um einen Vertrag, in dem nur die Verpflichtung zur Abtretung beurkundet ist, so ist — nach Ziff. 17 des Tarifs — und falls es sich nicht um ein Handelsgeschäft handelt — ein Fixstempel von 2.50 Mk. zu entrichten.

   Die auf Grund eines derartigen Vertrages erfolgende Abtretung ist, wie eingangs erwähnt, zu verstempeln.
5. Hessen: Die Höhe des Stempels richtet sich nach der Abfindungssumme; für jedes angefangene Hundert werden 5 Pfg Stempel berechnet. (Stempeltarif N. 2 Art. 4 des Gesetzes über den Urkundenstempel vom 12. August 1899).
6. Preußen: (StempelStG. vom $\frac{\text{31. Juli 1895}}{\text{26. Juni 1909}}$): Einseitige Erklärung des Gebrauchsmusterinhabers über

die Abtretung des Rechtes, auch wenn gleichzeitig über den Empfang der Valuta quittiert wird, ist nach dem Wert des Gebrauchsmusters zu verstempeln mit . . 1/20 %. Ein zweiseitiger Vertrag, in welchem der Uebergang des Gebrauchsmusterrechts, nicht das zugrunde liegende Rechtsgeschäft beurkundet wird, ist nach dem Werte des Gebrauchsmusters zu verstempeln mit . . . 1/20 %. Ist die Uebertragung des Gebrauchsmusters in einem obligatorischem Vertrage beurkundet, dann wird nur der Stempel für diesen berechnet mit . . . . . . 1/3 %. (Bei Kaufverträgen will Isay [N. 26 zu 6 PatG.] den Immobiliarstempel von 1 % berechnen. Dies ist m. E. unzutreffend; so auch Seligsohn N. 3 zu § 6 PatG).

Für das Einbringen von Gebrauchsmustern in eine Aktiengesellschaft, Kommanditgesellschaft, Gesellschaft m. b. H., offene Handelsgesellschaft (bei deren Errichtung oder später) wird nach dem gewährten Entgelt ein Stempel erhoben von . . . . 1 %.

7. Sachsen (StempelStG. vom 12. Januar 1909): Regelmäßig werden Abtretungserklärungen und Verträge, mit 2/10 % des Geldwertes und, falls sich dieser nicht ermitteln läßt, mit 1.50 Mk. zu verstempeln sein. Im Zweifel ist die entgeltliche Uebertragung des Gebrauchsmusters als Kauf zu behandeln (RGZ. 20, 129).

8. Württemberg (Allgemeines SportelG. in der Fassung vom 16. August 1911):

Stempelfreiheit für Urkunden, welche von einem Kauf oder einer Uebertragung von Gebrauchsmustern handeln.

Beim Einbringen eines Gebrauchsmusters in eine Aktiengesellschaft oder Kommanditgesellschaft auf Aktien ist von dem Wert des Gebrauchsmusters eine dem jeweiligen Prozentsatze der gesetzlichen Grundstücksumsatzsteuer gleichkommende Abgabe zu zahlen. Diese Abgabe beträgt zurzeit 1,5 %.

Beim Einbringen in eine Gesellschaft m. b. H. ermäßigt sich, falls der Wert des eingebrachten Gebrauchsmusters nicht mehr als 100000 Mk. beträgt, diese Abgabe um 3/10 %.

g) Der Verkäufer eines Gebrauchsmusters hat folgende Verpflichtungen:

1. Gemäß § 444 BGB. über die rechtlichen Verhältnisse Auskunft zu geben, z. B. über erteilte Lizenzen, Pfand- und Vorbenutzungsrechte, Abhängigkeit von Patenten oder anderen Gebrauchsmustern.
2. Ergänzungen zur Gebrauchsmusterbeschreibung zu geben, falls diese nicht vollständig ist. (RG. vom 7. Juni 1893 JW. 1893, 359).
3. Ausstellung einer Uebertragsurkunde in beweisender Form.
4. Aushändigung der Ausfertigung des Eintragungsvermerks.
5. Nach Treu und Glauben hat er darüber Mitteilung zu machen, ob er oder, falls ihm dies bekannt geworden ist, ein anderer im Besitze einer Erfindung usw. ist, welche das Gebrauchsmuster praktisch wertlos macht oder seinen Wert erheblich mindert. Verschweigung berechtigt zur Anfechtung nach § 123, event. auch nach § 119 BGB.
6. Nach Lage des Falles, aber nicht allgemein: Bekanntgabe und Uebertragung späterer Verbesserungserfindungen, von Fabrikationsgeheimnissen. Vorsorglich daher im Vertrage ausbedingen!
7. Gemäß § 434 BGB. hat er dafür einzustehen, daß das Gebrauchsmusterrecht ungehindert von Rechten Dritter in vollem rechtlichen Umfange ausgeübt werden kann, also daß keine Lizenzen darauf ruhen, daß es unabhängig von früheren Patenten oder Gebrauchsmustern ist. (RG. vom 23. Febr. 1901 PMZBl. 7 [1901] 169; Isay N. 28 zu § 6 PatG.; Seligsohn N. 4 zu § 6 PatG.).

   In zwei anderen Entscheidungen hat das RG. (vom 7. Jan. 1888, RGZ. 20, 94; vom 20. Novbr. 1908 RGZ. 69, 429), ausgehend von der Ansicht, daß die Abhängigkeit eine wesentliche Eigenschaft eines Patentes sei, die Anfechtung wegen Irrtums zugelassen. Dagegen polemisiert zutreffend Isay N. 28 zu § 6 PatG.

   Im Urteil vom 3. Febr. 1912 (JW. 1912, 478) behandelt das RG. ein Patent, dem ein Vorbenutzungsrecht entgegensteht, wie eine mangelhafte Sache und gibt gegen den Schutzinhaber, wenn ein diesem unbekanntes Vorbenutzungsrecht besteht, das Recht auf Wandlung oder Minderung.

8. Er hat für die Schutzfähigkeit (Rechtsbeständigkeit) des Gebrauchsmusters einzustehen. Seine Verpflichtung geht regelmäßig dahin, dem Käufer ein rechtsbeständiges, ausschließliches Recht im Sinne der §§ 4, 1 GebrMG. zu verschaffen. Fehlt eines der Erfordernisse des § 1, ermangelt also das Gebrauchsmuster der Schutzfähigkeit, so geht — nach der herrschenden Meinung — die Verpflichtung des Verkäufers desselben auf eine unmögliche Leistung. Nach § 306 BGB. ist ein Vertrag, der auf eine — aus tatsächlichen oder rechtlichen Gründen — unmögliche Leistung gerichtet ist, nichtig. Die Konsequenz ist, daß — gemäß §§ 812, 818, 273, 274 BGB. — die Kontrahenten einander Leistung und Gegenleistung zurückzugewähren haben; insbesondere hat also der Verkäufer dem Käufer dessen Zahlungen zurückzuvergüten. So: RG. I vom 8. April 1908 PMZBl. 15 (1909) 16; RGZ. 68, 292; RG. I vom 26. Febr. 1908 PMZBl. 14 (1908) 206 u. a. m.

Auch Seligsohn, der noch in der 4. Aufl. die Ansicht vertrat, daß zwischenzeitlich seitens des Käufers geleistete Zahlungen nicht zurückforderbar seien, vertritt jetzt (5. Aufl.) uneingeschränkt den obigen Standpunkt.

Jedenfalls sollte jeder Erwerber eines Gebrauchsmusters sich in dem Vertrage dessen unbedingte Schutzfähigkeit (Rechtsbeständigkeit) ausdrücklich garantieren lassen, schon um auch Ersatz der Aufwendungen verlangen zu können, die er anläßlich des Erwerbs des Gebrauchsmusters und zu dessen Exploitierung usw. gemacht hat. — Da der Käufer eines Gebrauchsmusters berücksichtigen muß, daß Gebrauchsmuster ohne Prüfung ihrer Schutzfähigkeit eingetragen werden, so sind Vertragsabreden über Gewährleistung eng auszulegen. (RG. vom 20. Jan. 1894 JW. 1894, 88).

War dem Käufer die mangelnde Schutzfähigkeit beim Abschluß des Vertrages bekannt, so kann er daraus Rechte nicht herleiten. (§ 439 Abs. 1 BGB.)

Der Einwand mangelnder Schutzfähigkeit des Gebrauchsmusters ist vom Gericht stets zu beachten und die Schutzfähigkeit zu prüfen, auch wenn das Gebrauchsmuster noch eingetragen ist.

h) Der Käufer ist zur Herstellung und Vertrieb des Gebrauchsmustergegenstandes, wie auch zur Verlängerung der Schutzdauer im Zweifel dann als verpflichtet anzusehen, wenn der Kaufpreis in einer Abgabe für eine bestimmte Menge des Gegenstandes oder dgl. besteht, der Absatz desselben möglich ist und normalen Gewinn verspricht. Zweckmäßig sind diesbezügliche Vereinbarungen zu treffen.

i) Durch die Veräußerung von Gegenständen, die unter Gebrauchsmusterschutz stehen, seitens des Schutzinhabers wird das Gebrauchsmusterrecht nicht mit veräußert; vielmehr erschöpft sich dieses dadurch, daß der Schutzinhaber oder eine Person, die von diesem ihr Recht hierzu herleitet (Lizenzträger usw.), der geschützte Gegenstand im Inland in Verkehr gebracht wird.

k) Ein vertragsmäßiger Anspruch auf Uebertragung eines Gebrauchsmusters liegt vor

1. bei Erwerb des Unternehmens, zu dem das Gebrauchsmuster gehört, mit allen Aktiven;
2. wenn jemand die Verpflichtung übernommen hat, künftige Erfindungen, die durch Gebrauchsmuster geschützt werden können, zu übertragen; der Erfinder hat dann auch alle Schritte zu tun, die zur Erwirkung eines Gebrauchsmusters erforderlich sind.

   Verträge, durch welche die Verpflichtung übernommen wird, alle Erfindungen dem Vertragsgegner zu übertragen, verstoßen gegen die guten Sitten, wenn nicht durch eine weitere Vereinbarung vermieden wird, daß die Schaffenskraft des Erfinders beeinträchtigt oder die Konkurrenz anderer Käufer oder Lizenzteilnehmer ausgeschlossen wird. (Vgl. RG. vom 27. März 1912 GewRSchutz 17, 316).

l) Der Verkäufer — Lizenzgeber usw. — eines Gebrauchsmusters haftet nicht für dessen Verwertbarkeit (Brauchbarkeit) und Rentabilität; er hat nur für die Ausführbarkeit einzustehen. So die herrschende Meinung s. u. a. RG. I vom 10. Juni 1911 MarkenS. u. W. 11, 80.

Ausgangspunkt dieser Ansicht ist, daß der Kauf eines Patentes oder Gebrauchsmusters regelmäßig ein gewagtes Geschäft darstellt.

II. Beschränkte Uebertragung des Gebrauchsmusters.

1. Einräumung der Mitberechtigung oder des Miteigentums: Uebertragung eines ideellen Anteils an dem ganzen Gebrauchsmusterrecht. Eine Teilung der Inhaberschaft bei Miteigentum nach Gebieten, Benutzungsarten, z. B. bzw. des Herstellens oder des Inverkehrbringens u. dgl., ist bei dem einheitlichen Charakter des Rechtes, das nicht teilweise erlöschen kann, unmöglich. (Kohler, Handbuch S. 489, 490); Kent N. 33 zu § 6 PatG. und die daselbst Zitierten; jetzt so auch Isay N. 7 zu § 6 PatG.).

Eine Eintragung von (örtlichen, zeitlichen usw.) Beschränkungen eines Miteigentümers des Gebrauchsmusters in der Musterrolle ist ausgeschlossen. — Die Rechtsverhältnisse der Miteigentümer untereinander regeln sich nach §§ 714 ff. und analog § 1008 BGB. — Die Uebertragung eines ideellen Anteils am Gebrauchsmusterrecht folgt den Regeln über die Uebertragung des Gebrauchsmusters selbst. — Bei Begründung von Miteigentum an einem Gebrauchsmuster kann Eintragung des neuen Erwerbers in die Musterrolle erfolgen; sie ist in dessen Interesse empfehlenswert.

2. Lizenzbestellung (vgl. Breuer, Die rechtliche Natur der Patentlizenz, GewRSchutz 17, 44 ff., 86 ff.) ist Uebertragung des Rechtes der Benutzung des Gebrauchsmusters. Früher wurde sie allgemein und heute noch vielfach unzutreffend als Verzicht des Schutzinhabers auf das ihm zustehende Verbietungsrecht aufgefaßt. (Vgl. z. B. RG. vom 17. Dezbr. 1886 RGZ. 17, 53; RG. vom 5. Dezbr. 1893 RGZ. 33, 103).

Soweit eine Lizenz eingeräumt ist, ist der Lizenznehmer Rechtsnachfolger des Schutzinhabers; §§ 265, 325 ZPO., § 40 KO. finden auf ihn Anwendung (Isay N. 8 zu § 6 PatG.).

3. Zu unterscheiden ist:

A. Ausschließliche Ausnützungsbefugnis (ausschließliche Lizenz). — Vgl. RG. vom 3. Juli 1901 JW. 1901, 656.

a) Das Benutzungsrecht des Gebrauchsmusters wird vollinhaltlich übertragen. Der Schutzinhaber behält nichts zurück, als sein Eigentumsrecht. Die Uebertragung der ausschließlichen Lizenz kann unbeschränkt oder räumlich, quantitativ, zeitlich beschränkt erfolgen. — Die rechtliche Konstruktion ist bestritten. RG. I vom 5. Jan. 1907 (JW. 1907, 136) nimmt einen Kauf an, wenn es sich um die Begründung eines absoluten Rechtes handelt, einen Pachtvertrag, wenn eine zeitlich beschränkte Benutzung der Erfindung in Frage steht. Seligsohn N. 5 zu § 6 PatG. sieht die entgeltliche Uebertragung der ausschließlichen Lizenz als Kauf an, so auch Breuer a. a. O. S. 87; Isay N. 30 zu § 6 PatG. behandelt alle Lizenzverträge als Pachtverträge. Das OLG. Hamburg bezeichnet m. E. zutreffend den Lizenzvertrag (Urteil vom 14. Juni 1910 PMZBl. 17, 25) als ein besonderes, aus der Gesetzgebung über den gewerblichen Rechtsschutz erwachsendes Rechtsgebilde, das in erster Linie aus seiner eigenen Natur, aus den Bedürfnissen des Verkehrs und aus dem zu vermutenden Willen der Parteien zu erklären ist und auf welches die für ganz andere Verhältnisse berechneten Vorschriften über den Kauf oder Pachtvertrag nicht ohne weiteres angewendet werden dürfen.

b) Der Lizenznehmer ist berechtigt:

Strafantrag wegen Verletzung des Gebrauchsmusters, auch gegen den Gebrauchsmusterinhaber, zu stellen (RGSt. 11, 266), Buße zu verlangen, Schadensersatz- und Unterlassungsklage anzustellen, Feststellungsklage bezüglich des Bestehens des Gebrauchsmusters und seiner Tragweite zu erheben, einfache Lizenzen zu erteilen, seine ausschließliche Lizenz weiter zu übertragen. (Letzteres ist streitig, daher vertraglich zu regeln!). Er hat gegen den Gebrauchsmusterinhaber einen Anspruch auf Unterlassung, falls dieser weitere Lizenzen erteilt; er kann von ihm zu seiner Legitimation die Ausstellung einer öffentlich beglaubigten Urkunde über den Erwerb der ausschließlichen Lizenz verlangen. (§§ 403, 413 BGB.). Er ist ferner berechtigt vom Gebrauchsmusterinhaber zu verlangen, daß dieser die zur Ermöglichung der ausschließlichen Nutzung erforderlichen Sicherheitsmaßregeln trifft.

c) Der Lizenznehmer ist verpflichtet (analog §§ 1036, 1039 BGB.) das Gebrauchsmuster nach den Regeln einer ordnungsmäßigen Wirtschaft auszubeuten (so Kohler, Handbuch S. 508; Isay N. 9 zu § 6 PatG.; a. A. Kent N. 95 zu § 6 PatG.).

d) Der Gebrauchsmusterinhaber darf keine weiteren Lizenzen mit dinglicher Wirkung erteilen. (Isay N. 9 zu § 6 PatG.; RG. vom 14. Novbr. 1884 RGSt. 11, 266). — Im Zweifel, jedenfalls aber wenn er ein vermögensrechtliches Interesse an der Ausbeutung des Gebrauchsmusters hat, kann er auch zum Schutze und Geltendmachung des Gebrauchsmusterrechts Klage erheben, Strafantrag stellen (s. Kent § 6 PatG. N. 88, 89, 90 und die daselbst zutreffend kritisierte abweichende Meinung), jedoch muß er eine erlangte Buße an den Lizenznehmer herauszahlen. Er kann auch auf das Gebrauchsmuster verzichten; hiergegen kann der Lizenznehmer sich dadurch sichern, daß er sich als Mitinhaber eintragen läßt.

e) Verbesserungen, Zusatzerfindungen braucht der Gebrauchsmusterinhaber im Zweifel (daher im Vertrage ausbedingen!) nicht dem Lizenzgeber bekannt zu geben resp. das Benutzungsrecht daran zu übertragen.

f) Erweist sich das Gebrauchsmuster nicht als neu und hat der Gebrauchsmusterinhaber dem Lizenznehmer keine besondere Garantie hierfür übernommen, so ist der gutgläubige Gebrauchsmusterinhaber nicht zum Schadensersatze verpflichtet: aber es muß als dem Willen der Beteiligten entsprechend angesehen werden, daß der Lizenznehmer die gezahlten Lizenzgebühren zurückerhält, falls das Gebrauchsmuster sich als nicht neu resp. schutzfähig herausstellt (OLG. Hamburg vom 14. Juni 1910 PMZBl. 17 [1911] 125). Der gleiche Grundsatz findet entsprechende Anwendung, wenn dem Gebrauchsmuster ein Vorbenutzungsrecht entgegensteht. (RG. I vom 3. Febr. 1912 JW. 1912, 478).

g) Ist die ausschließliche Lizenz für einen bestimmten Geschäftsbetrieb erteilt, so kann sie nur mit diesem übertragen werden. — Im Zweifel ist anzunehmen, daß nicht eine ausschließliche Lizenz, sondern eine einfache Lizenz erteilt worden ist (Isay N. 9 zu § 6 PatG.).

b) Verträge, die die Uebertragung einer ausschließlichen Lizenz zum Gegenstand haben, sind in Preußen mit 1/3 % des Wertes der Vergütung zu verstempeln. (RG. vom 5. Mai 1911 RGZ. 76, 235).

B. Einfache Lizenz.

a) Der Gebrauchsmusterinhaber behält sowohl das Eigentumsrecht als das Recht zur Ausübung desselben und überträgt nur an den Lizenznehmer das Recht zur Benutzung des Gebrauchsmusters. Der Inhalt des Benutzungsrechts des Erwerbers einer einfachen Lizenz kann sehr verschieden sein. Der Lizenznehmer kann neben dem Benutzungsrecht des Gebrauchsmusterinhabers ein ausschließliches Benutzungsrecht erhalten (alleinige Lizenz), so daß weitere Lizenzen von dem Gebrauchsmusterinhaber nicht erteilt werden dürfen. Es können aber auch nur einzelne Benutzungsrechte übertragen werden; auch kann das Recht des Lizenznehmers zeitlich, örtlich usw. beschränkt sein. Danach unterscheidet man Bezirks-, Herstellungs-, Gebrauchs-, Verkaufs-, Betriebs-Lizenzen. Im Zweifel wird man die Uebertragung einer Betriebslizenz annehmen müssen. (Isay N. 11 zu § 6 PatG.). — Der Vorbenutzer kann keine Lizenz erteilen.

b) Der Vertrag über Uebertragung einer einfachen Lizenz ist als contractus sui generis anzusehen. (S. N. 6 II 3 A a S. 82); vgl. Kloeppel, Patent- und Gebrauchsmusterrecht S. 99; Cantor S. 930; aber auch Breuer a. a. O. S. 86, der ihn als Pachtvertrag charakterisiert.

c) Uebertragung des Lizenzrechtes ist bei einer persönlichen Lizenz unzulässig. Betriebslizenzen hingegen sind mit dem Betriebe übertragbar, sie gehen als Zubehör ohne weiteres mit dem Betrieb über. (RG. vom 2. Novbr. 1907 LZ. 1, 907).

d) Verträge über Gewährung einer einfachen Lizenz sind in Preußen wie folgt zu verstempeln:

Wird ein persönliches Schuldverhältnis zwischen den Parteien begründet, dann ist ein Stempel von 2/10 % des Wertes zu verwenden. Soll ein absolutes Recht des Lizenznehmers begründet werden, dann hat der Kaufstempel (⅓ % des Wertes) zur Verwendung zu kommen. (Vgl. RGZ. vom 5. Mai 1911 RGZ. 76, 235).

e) Rechte des Lizenzgebers.

1. Im Zweifel ist er unbehindert in der Abgabe weiterer Lizenzen. („Antimonopolistische Tendenz des Lizenzvertrages", Damme, Patentrecht S. 390).

   Vertragswidrig erteilte Lizenzen sind wirksam und begründen für den Lizenzgeber nur eine Schadensersatzpflicht.
2. Anspruch auf angemessene Vergütung beim Mangel besonderer Vereinbarungen.
3. Kontrollrecht gegenüber dem Lizenznehmer in der Verwertung der Erfindung falls kein Pauschal-, sondern Fabrikations-, Umsatz- oder Stückvergütung vereinbart ist. Einsicht der Geschäftbücher oder -Papiere (§§ 809 ff. BGB.; aber streitig, daher im Vertrage festlegen!)
4. Anspruch auf Rechnungslegung mit Vorlage von Belegen (§ 259 BGB.).
5. Empfehlenswert ist es im Vertrage ein fristloses Kündigungsrecht auszubedingen, wenn der Lizenznehmer:
   1. die Interessen des Lizenzgebers erheblich schädigt oder gefährdet;
   2. mit der Zahlung der Lizenzgebühren im Rückstande bleibt. Folgt man der — bestrittenen — Ansicht, daß der Lizenzvertrag als Pachtvertrag aufzufassen sei, so ergibt sich dieses Kündigungsrecht aus den entsprechenden gesetzlichen Bestimmungen;
   3. sein Geschäft verkauft, in Konkurs gerät, stirbt, entmündigt wird.

f) Pflichten des Lizenzgebers (s. N. g).

1. Tatsächliche Gewährung der Benutzung. Bei mangelnder Schutzfähigkeit, Vorhandensein eines Vorbenutzungsrechts kommen die gleichen Grundsätze wie bei der ausschließlichen Lizenz zur Anwendung. (S. S. 80).

   Bei Teillöschung des Gebrauchsmusters ist die Lizenzgebühr verhältnismäßig herabzusetzen. Bei Abhängigkeit des Gebrauchsmusters von einem Patente oder einem anderen Gebrauchsmuster wird die Lizenzgebühr, falls auch vom Inhaber dieses Rechts eine Lizenz erwirkt werden kann, um den entsprechenden Betrag der weiteren Lizenzgebühr zu verringern sein. Ist eine solche Lizenz nicht zu erlangen, dann wird man analog der Grundsätze über mangelnde Schutzfähigkeit zu verfahren haben.

Zulässig ist es im Lizenzvertrage zu vereinbaren, daß die Lizenzgebühr auch im Falle der Löschung wegen der Nicht-Neuheit des Gebrauchsmusters fortzuzahlen ist. (RG. vom 19. Febr. 1902 JW. 1902, 222).

2. Aufrechterhaltung des Gebrauchsmusters während der Dauer des Lizenzvertrages, Verteidigung gegen Löschungs-, Abhängigkeitsklagen, Nachricht von solchen, um den Beitritt des Lizenznehmers als Nebenintervenient zu ermöglichen. (Kent N. 220 zu § 6 PatG.). Keine Verpflichtung besteht aber zur Verfolgung von Verletzungen des Gebrauchsmusterrechtes; es ist deshalb empfehlenswert eine solche im Lizenzvertrage zu vereinbaren!

g) Rechte des Lizenznehmers. (S. N. f).

1. Er hat ein dem Dritterwerber des Gebrauchsmusters gegenüber wirksames Recht. (Vgl. RGSt. 31, 392 und dort Zit.).
2. Im Zweifel hat er kein Recht auf Mitteilung von Kunstgriffen, Fabrikgeheimnissen, Verbesserungen usw. Es ist dies also im Vertrage auszubedingen!

   Ist vereinbart, daß der Lizenznehmer „anzulernen“ ist, so sind ihm Kunstgriffe, Fabrikgeheimnisse usw. mitzuteilen.
3. Gegenstände, die der Lizenznehmer während der Dauer des Lizenzvertrages hergestellt hat, darf er auch nach Ablauf desselben in Verkehr bringen oder gebrauchen.
4. Streitig ist, ob der Nehmer einer einfachen Lizenz gegen den Verletzer des Gebrauchsmusterrechts ein selbständiges Klagerecht hat oder nicht; dafür Seligsohn (N. 9 zu § 6 PatG.), Rd. Isay (GewRSchutz 1909, 58, hier auch zahlreiche Literaturangaben); dagegen die herrschende Meinung (Kohler, Handbuch S. 511; Kent N. 159 zu § 6 PatG.; Isay N. 6 zu § 6 PatG.; Breuer a. a. O. S. 56).

Es ist mit Rücksicht auf diese Streitfrage empfehlenswert, im Lizenzvertrage entweder zu bedingen, daß der Lizenzgeber Gebrauchsmusterverletzungen zu verfolgen hat oder aber, daß dem Lizenznehmer im voraus alle Rechte aus der Verletzung des Gebrauchsmusterrechts, insbesondere auf Unterlassung, Schadensersatz und Rechnungslegung, abgetreten werden oder daß der Lizenznehmer berechtigt ist, die entsprechenden Klagen in seinem Namen zu erheben.

5. Empfehlenswert ist es, im Lizenzvertrage zu vereinbaren, daß anderen Lizenznehmern bei wesentlich gleichen Pflichten keine günstigeren Bedingungen eingeräumt werden und sich eine gewisse Ausschließlichkeit in der Benutzung des Gebrauchsmusterrechtes zu sichern, insbesondere in örtlicher Beziehung; in diesem Falle ist im Vertrage auch der Lizenzgeber von der Benutzung des Gebrauchsmusters in den betreffenden Gebieten usw. auszuschließen.

h) Pflichten des Lizenznehmers.

1. Im Zweifel hat er keine Benutzungs-(Ausführungs-)pflicht. Häufig wird diese sich freilich nach Treu und Glauben aus dem Vertrage ergeben, z. B. wenn die Lizenzgebühr für jedes angefertigte Stück zu bezahlen ist. Vorsorglich ist die Benutzungspflicht zu vereinbaren; dann hat der Lizenzgeber einen Schadensersatzanspruch, wenn der Lizenznehmer das Gebrauchsmuster nicht ausführt.

Der Lizenznehmer kann sich der Ausführungspflicht durch den Nachweis entziehen, daß eine absolute Unmöglichkeit zu lohnendem Absatz des Gebrauchsmustergegenstandes vorliegt. (JW. 1897, 371); ebenso wenn der Lizenzgeber unrichtige Angaben über die Herstellungskosten des Gebrauchsmustergegenstandes gemacht hat und dadurch die ganze Kalkulation des Lizenznehmers unzutreffend wird. Eventuelle Anfechtung des Vertrages gemäß § 123 BGB. oder Minderung der Lizenzgebühren.

Unrentabilität, die nur im Betriebe des Lizenznehmers begründet ist, wird dann nicht als ausreichender Entschuldigungsgrund anzusehen sein, wenn eine alleinige

Lizenz vorliegt. (Cantor S. 933). Pinzger (MarkenS. u. W. 10, 238) will unter analoger Anwendnug des § 18 des Ges. über das Verlagsrecht vom 19. Juni 1901 in diesem Falle dem Lizenznehmer ein Kündigungsrecht geben. Hinsichtlich des Lizenzgebers ist dann § 649 BGB. analog anzuwenden.

Für den Lizenzgeber ist es empfehlenswert zu vereinbaren, daß ihm unter allen Umständen ein jährlicher Mindestbetrag an Lizenzgebühren zu bezahlen ist, und ein Kündigungsrecht für ihn festzusetzen für den Fall, daß die Lizenzgebühren nicht pünktlich bezahlt werden oder nicht die Höhe des garantierten Mindestbetrages erreichen.

Bei dem spekulativen Charakter des Lizenzerwerbs wird die Garantie für einen Mindestbetrag von Lizenzgebühren seitens des Lizenznehmers nicht dadurch berührt, daß spätere Erfindungen die gewerbliche Verwertung des Gebrauchsmusters erschweren oder unmöglich machen (Kent N. 286 zu § 6; s. aber RG. in JW. 1897, 371). Daher im Vertrage Vorsorge treffen!!

2. Der Lizenznehmer darf keine Unterlizenz erteilen.
3. Beschränkungen, wie z. B. Einhaltung gewisser Preise, Verbot des Verkaufs an bestimmte Abnehmer (Warenhäuser usw.) oder in gewissen Bezirken können dem Lizenznehmer auferlegt werden; Zuwiderhandlungen sind aber nur Vertrags-, nicht Gebrauchsmusterrechtsverletzungen.
4. Durch ein Außerachtlassen der für die Benutzung des Gebrauchsmusters nach Zeit, Ort und Zahl usw. auferlegten Beschränkungen macht der Lizenznehmer sich dagegen einer Verletzung des Gebrauchsmusterrechts schuldig. — Der Lizenznehmer darf auch nicht durch seine außerhalb des ihm eingeräumten Bezirkes betriebenen Filialen das Gebrauchsmuster benutzen lassen.
5. Der Lizenznehmer darf keine Schritte gegen den Bestand des Gebrauchsmusters unternehmen.

7. Zwangsvollstreckung. (Vgl. auch Wertheimer, Die Zwangsvollstreckung in gewerbliche Schutzrechte LZ. 3, 279 ff., 352 ff.).

a) Allgemeines.

Als übertragbares, einen Vermögenswert repräsentierendes Recht unterliegt das Gebrauchsmusterrecht der Zwangsvollstreckung.

Auch die mit Klage verfolgbaren Ansprüche des Gebrauchsmusterinhabers vor Anmeldung des Gebrauchsmusters zur Eintragung in die Rolle, die Rechte aus der Anmeldung, sowie aus der Eintragung sind pfändbar. Steht das Gebrauchsmuster im Eigentum mehrerer, so hat der Gläubiger zunächst die Pfändung des seinem Schuldner gehörigen Anteils zu bewirken. Er kann dann, wenn der Schuldtitel entgültig vollstreckbar ist, die Aufhebung des Miteigentums verlangen (§ 751 BGB.). Seine Befriedigung erfolgt durch öffentliche Versteigerung des Schutzrechtes (§§ 753, 1233 Abs. 2 BGB.). Stehen die Inhaber des Gebrauchsmusterrechts in einem Gesellschaftsverhältnis, so kommt entweder § 725 BGB. oder § 135 HGB. zur Anwendung.

Vollstreckungsgericht ist das deutsche Amtsgericht, in dessen Bezirke der Schuldner seinen allgemeinen Gerichtsstand hat, event. wo sich Vermögen desselben befindet. Das GebrMG. fingiert (§ 13), daß an dem Orte, an dem der Inlandsvertreter seinen Wohnsitz hat, resp. bei dem Mangel eines solchen, daß am Sitze des PatA. sich Vermögen des ausländischen Gebrauchsmusterinhabers befindet. Der Gerichtsstand des Wohnsitzes des Vertreters ist nur dann gegeben, wenn es sich um eine Inlandsvertretung im Sinne des § 13 GebrMG. handelt, nicht wenn im Inland nur ein Vertreter (Bevollmächtigter) im Sinne des bürgerlichen Rechtes bestellt ist.

b) Art und Weise der Zwangsvollstreckung.

Die Zwangsvollstreckung muß sich gegen das Gebrauchsmusterrecht richten, nicht aber gegen die Ausfertigung über den Eintragungsvermerk. Denn die Ausübung des Rechtes hängt nicht von dem Besitze der Urkunde ab; diese ist nur Beweisdokument. §§ 808, 821, 822 ZPO. finden also keine Anwendung. Erst nach Pfändung des Rechtes kann die Herausgabe der Urkunde nach §§ 836 Abs. 2, 857 ZPO. verlangt werden. Der Pfändungsbeschluß bildet den Vollstreckungstitel für den Herausgabeanspruch gegen den Schuldner

(RGZ. 26, 10). Gegen dritte Besitzer ist auf Herausgabe der Urkunde Klage zu erheben. (RGZ 21, 364).

Die Zwangsvollstreckung selbst erfolgt auf Grund des § 857 Abs. 1 und 2 ZPO.

Ein Drittschuldner ist nicht vorhanden. Vorpfändung nach § 845 ZPO ist daher unmöglich. Die Pfändung ist mit Zustellung des Pfändungsbeschlusses an den Schuldner bewirkt. Die Zustellung an den Inlandsvertreter hat diese Wirkung nicht (s. Wertheimer a. a. O. S. 287; a. A. Kent N. 26 zu § 12 PatG).

Angesichts dieser Streitfrage, die noch zu keiner gerichtlichen Entscheidung geführt hat, empfiehlt sich in der Praxis eine doppelte Zustellung: an den Inlandsvertreter und an den Schuldner selbst.

Mitteilungen an das PatA. von der erfolgten Pfändung sind rechtlich bedeutungslos; eine Eintragung derselben in die Gebrauchsmusterrolle findet nicht statt. Trotzdem ist es empfehlenswert den Pfändungsbeschluß nebst Zustellungsurkunde mit dem Ersuchen um Rückgabe dem PatA. einzureichen. Dasselbe macht nämlich einen diesbezüglichen Vermerk in seine Akten, damit es, obwohl eine Verbindlichkeit hierzu nicht besteht, bei einer dem Pfändungsbeschlusse widersprechenden Verfügung des Gebrauchsmusterinhabers über das Gebrauchsmuster dem Erwerber sowie dem Pfandgläubiger entsprechende Mitteilung machen oder auch den Pfandgläubiger von dem Ablauf der Schutzfrist benachrichtigen kann (s. § 8 N. 4).

c) Folgen der rechtswirksamen Pfändung. Gemäß §§ 135, 136 BGB. ist eine rechtsgeschäftliche Verfügung des Schutzinhabers und jede spätere Zwangsvollstreckung in das Gebrauchsmuster dem Pfandgläubiger gegenüber unwirksam. Ist infolge des Verzichtes eine Löschung des Gebrauchsmusters in der Rolle bewirkt worden, so ist der Löschungsvermerk auf Antrag des Pfandgläubigers zu streichen.

Mit der Pfändung gelten die Nutzungen des Gebrauchsmusters (Lizenzgebühren usw.) als mitbeschlagnahmt. Zur Einziehung derselben bedarf es jedoch noch eines besonderen Ueberweisungsbeschlusses, denn hier ist ein Drittschuldner vorhanden.

d) Realisierung des Pfandrechtes.

Eine Ueberweisung gemäß § 835 ZPO. ist ausgeschlossen. Ein etwa doch erlassener Ueberweisungsbeschluß — ein merkwürdigerweise gar nicht seltener Fall, s. Damme, Patentrecht S. 387 — ist rechtsunwirksam.

Die Veräußerung ist vom Gericht besonders anzuordnen. Sie erfolgt gemäß § 814 ZPO. im Wege der öffentlichen Versteigerung durch einen Gerichtsvollzieher. Auf Grund der Ausfertigung des Versteigerungsprotokolles wird die Eintragung des Rechtsüberganges in der Gebrauchsmusterrolle bewirkt. Der Steigerer hat keinen Anspruch gegen den bisherigen Gebrauchsmusterinhaber auf Auskunftserteilung usw. Mögliche Verwertungsarten: Freihändiger Verkauf durch den Gerichtsvollzieher auf Grund besonderer Anordnung des Amtsgerichts. Das Schutzrecht wird dem Gläubiger zu einem von dem Sachverständigen bestimmten oder nach Anhörung des Schuldners und des Gläubigers vom Gericht festgesetzten Preise vom Gerichte zum Eigentum übertragen. Rechte Dritter, die vor der Pfändung an dem Schutzrechte in anfechtungsfreier Weise begründet worden sind, z. B. Lizenzrechte, werden auch durch die zwangsmäßige Veräußerung desselben nicht berührt, selbst wenn der Erwerber keine Kenntnis von denselben hatte.

Die Ausnutzungsbefugnis kann auch allein zum Gegenstand der Zwangsvollstreckung gemacht werden. Hierüber s. im einzelnen Wertheimer a. a. O. S. 355.

Auch Sequestration des Gebrauchsmusters ist möglich.

e) Oft empfiehlt sich die Erwirkung einer einstweiligen Verfügung zur Sicherung der künftigen Zwangsvollstreckung, dahin, daß dem Schuldner verboten wird, über das Schutzrecht zu verfügen, insbesondere darauf zu verzichten. Verzichte des Schuldners in der Absicht, die Befriedigung des Gläubigers dadurch zu vereiteln, sind nach § 288 StGB. strafbar. Eine Anfechtung eines solchen Verzichtes ist nicht möglich, da ein Anfechtungsgegner fehlt. — Die Nichtzahlung der Verlängerungsgebühr durch den Schuldner ist nicht als Pfandverschleppung anzusehen.

f) Das deutsche Recht versagt der in ein deutsches Gebrauchsmuster durch eine ausländische Vollstreckungsbehörde vorgenommenen Zwangsvollstreckung die Wirksamkeit. (PatA. vom 12. Jan. 1911 PMZBl. 17 [1911] 215).

8. Konkurs. Da das Gebrauchsmusterrecht der Zwangsvollstreckung unterliegt, so gehört das eingetragene, wie auch das vor der Konkurseröffnung angemeldete Gebrauchsmuster zur Konkursmasse des Inhabers resp. Anmelders.

Lizenzrechtliche Fragen im Konkurse des Lizenznehmers behandelt M. Seligsohn in Kohlers Festgabe S. 181.

§ 8.

Die Dauer des Schutzes ist drei Jahre; der Lauf dieser Zeit beginnt mit dem auf die Anmeldung folgenden Tage. Bei Zahlung einer weiteren Gebühr von sechzig Mark vor Ablauf der Zeit tritt eine Verlängerung der Schutzfrist um drei Jahre ein. Die Verlängerung wird in der Rolle vermerkt.

Wenn der Eingetragene während der Dauer der Frist auf den Schutz Verzicht leistet, so wird die Eintragung gelöscht.

Die nicht infolge von Ablauf der Frist stattfindenden Löschungen von Eintragungen sind durch den Reichsanzeiger in bestimmten Fristen bekannt zu machen.

1. Schutzdauer. Es liegt eine Inkongruenz gegenüber § 4 vor, der erst von der Eintragung des Gebrauchsmusters ab das Ausschließungsrecht gewährt, während § 8 den Beginn der dreijährigen Schutzfrist auf den Tag festsetzt, der auf den Anmeldungstag folgt. Da zwischen Anmeldung und Eintragung kein besonderer Schutz besteht, so beträgt die wirkliche Schutzdauer keine drei volle Jahre. Dies kann bedeutsam werden, wenn bei Eventualanmeldungen die Eintragung des Gebrauchsmusters auf Antrag bis zur Entscheidung über die Patentanmeldung ausgesetzt wird. In den Gesetzesmaterialien (Motive S. 16, Kommissionsbericht S. 8) wird die Ansicht vertreten, daß nach der erfolgten Eintragung des Gebrauchs-

musters in die Rolle seine Wirkungen sich auf den Anmeldetag zurückerstreckten. Eine solche Rückwirkung kennt das Gesetz aber nicht; vgl. zudem §§ 4 Abs. 1, 7, auch §§ 5 Abs. 1, 8 Abs. 2. Auch die herrschende Meinung stimmt mit der Ansicht der Gesetzesmaterialien nicht überein: Allfeld S. 418; Cantor S. 939; Robolski § 4; Seligsohn N. 1 zu § 8.

2. Die Anmeldung ist mit dem Eingang der den Vorschriften des § 2 entsprechenden Anmeldeschrift bei dem PatA. erfolgt, jedoch gelten außerhalb der Dienststunden einlaufende Anmeldungen erst als mit deren Wiederbeginn als eingegangen. (§ 27 AusfVO. vom 11. Juli 1891).

3. Berechnung der Schutzdauer.

Für die Berechnung der Fristen gelten die Vorschriften des Bürgerlichen Gesetzbuchs (§§ 187—193). Von diesen kommen hauptsächlich in Betracht:

§ 187. Ist für den Anfang einer Frist ein Ereignis oder ein in den Lauf eines Tages fallender Zeitpunkt maßgebend, so wird bei der Berechnung der Frist der Tag nicht mitgerechnet, in welchen das Ereignis oder der Zeitpunkt fällt.

Ist der Beginn eines Tages der für den Anfang einer Frist maßgebende Zeitpunkt, so wird dieser Tag bei der Berechnung der Frist mitgerechnet. Das gleiche gilt von dem Tage der Geburt bei der Berechnung des Lebensalters.

§ 188. Eine nach Tagen bestimmte Frist endigt mit dem Ablaufe des letzten Tages der Frist.

Eine Frist, die nach Wochen, nach Monaten oder nach einem mehrere Monate umfassenden Zeitraume — Jahr, halbes Jahr, Vierteljahr — bestimmt ist, endigt im Falle des § 187 Abs. 1 mit dem Ablaufe desjenigen Tages der letzten Woche oder des letzten Monats, welcher durch seine Benennung oder seine Zahl dem Tage entspricht, in den das Ereignis oder der Zeitpunkt fällt, im Falle des § 187 Abs. 2 mit dem Ablauf desjenigen Tages der letzten Woche oder des letzten Monats, welcher dem Tage vorhergeht, der durch seine Benennung oder seine Zahl dem Anfangstage der Frist entspricht.

Fehlt bei einer nach Monaten bestimmten Frist in dem letzten Monate der für ihren Ablauf maßgebende Tag, so endigt die Frist mit dem Ablauf des letzten Tages dieses Monats.

Also z. B.: Anmeldung am 13. Juli 1912, Beginn der Frist: 14. Juli 1912. Ablauf der Frist: 13. Juli 1915.

4. Eine Verlängerung der Schutzfrist erfolgt nur einmal und lediglich durch Zahlung der weiteren Gebühr vor Ablauf der Schutzfrist. Ein Antrag des Inhabers oder ein Tätigwerden des PatA. ist nicht erforderlich. Die Verlängerungsgebühr muß am letzten Tage der Frist beim PatA. eingegangen, resp. bei einer im Gebiete des Deutschen Reichs belegenen Postanstalt eingezahlt sein. (Vgl. PatA. vom 3. Febr. 1908 PMZBl. 14 [1908] 204). — Diese Entscheidung ist an sich schon nicht bedenkenfrei; sie steht aber auch auf dem zu engen Standpunkte, daß nur die Einzahlung bei einer „im Gebiete des Deutschen Reiches" belegenen Postanstalt genüge. Konsequenterweise müßte auch die Einzahlung bei einer Postanstalt in den deutschen Schutzgebieten und Konsulargerichtsbezirken genügen, die für das GebrMG. ja als Inland gelten (s. Erl. zu § 13).

Wird die Verlängerungsgebühr im Ausland bei der Post eingezahlt, so sind event. Kursschwankungen oder Berechnungsdifferenzen zu berücksichtigen (Bek. des PatA. vom 18. Dezbr. 1902 PMZBl. 9 [1903] 1). — Nur Zahlungen in vollem Betrage von 60 Mk. — also Bestellgeld beifügen! — bewirken die Verlängerung.

Zahlungen mittels Scheck usw. sind gefährlich, da nicht der Zeitpunkt des Eingangs des Papieres, sondern des darauf zu zahlenden Geldes beim PatA. entscheidet. Bei Giroüberweisungen gilt die Zahlung an dem Tage als geleistet, an dem sie dem Girokonto der Patentamtskasse gutgebracht wird. (PatA. vom 12. März 1902 PMZBl. 8 [1902] 37 [452]; s. auch PMZBl. 9 [1903] 184).

Bei Zahlungen auf das Postscheckkonto des PatA. gilt als Zahltag bei Verwendung einer Zahlkarte der Tag, an dem das Geld bei der Post eingezahlt worden ist, bei der Zahlung mittels Postscheck oder Ueberweisung der Eingang bei dem Postscheckamt, bei welchem der Zahlende sein Konto hat. (Präsidialbescheid vom 7. April 1909 PMZBl 15 [1909] 254; PatA. vom 31. Mai 1912 PMZBl. 18 [1912] 252.

Ist der letzte Tag der Schutzfrist ein Sonntag oder gesetzlicher Feiertag, so muß die Zahlung an dem vorhergehenden Tag geschehen. § 193 BGB. ist nicht anwendbar. (PA. vom 31. August 1906 PMZBl. 12 [1906] 309. Vgl. Bek. des PatA. im PMZBl. 1 [1894/95] 155).

Das PatA. macht — ohne Verpflichtung, daher ist ein Unterlassen ohne rechtliche Bedeutung — auf den bevorstehenden Ablauf der Schutzfrist etwa zwei Wochen vorher den eingetragenen Gebrauchsmusterinhaber, auch den Pfandgläubiger, der die Pfändung dem PatA. angezeigt hat (s. N. 7 b zu § 7; auch Wertheimer, LZ. 1908 S. 288), aufmerksam.

Eine Stundung oder ein Erlaß der Verlängerungsgebühr ist gesetzlich ausgeschlossen. Die Tatsache des Ausbleibens der Zahlung vor Ablauf der dreijährigen Frist zieht das Erlöschen des Gebrauchsmusters ohne weiteres nach sich. — Eine Nachholung der Zahlung ist wirkungslos. – Eine Verlängerung ist auch möglich und erforderlich, wenn das Gebrauchsmuster wohl angemeldet, z. B. wie bei Eventualanmeldungen, aber noch nicht eingetragen war (Isay N. 1 zu § 8).

Nur eine einmalige Verlängerung ist statthaft. — Eine Verlängerung kann nicht durch erneute Anmeldung herbeigeführt werden. (OLG. Breslau in PMZBl. 13 [1907] 156). — Die Verlängerung wird im Reichsanzeiger publiziert und auf der Ausfertigung des Eintragungsvermerks auf Antrag registriert.

5. Die Folge der nichtrechtzeitigen resp. unvollständigen Zahlung der weiteren Gebühr ist: ipso iure Erlöschen des Schutzes. Keine Wiedereinsetzung in den vorigen Stand. Ueber die Rechtsfolgen der irrtümlichen Einzahlung einer Gebühr (Anwendung des Grundsatzes: falsa demonstratio non nocet) s. PatA. vom 23. Mai 1910 MarkenS. u. W. 10, 70. Da die Löschung des Gebrauchsmusters infolge Zeitablaufs in der Rolle nur registrierende Bedeutung hat, so sind versehentliche Löschungen ohne materielle Wirkung; von Amtswegen ist der betr. Vermerk wieder zu streichen. (Isay N. 5 zu § 8).

6. Der Verzicht auf das Gebrauchsmuster erfolgt durch eine an eine besondere Form nicht gebundene, ausdrückliche schriftliche Erklärung des geschäfts- und verfügungsfähigen Eingetragenen gegenüber dem PatA. A. A. Osterrieth, Lehrb. S. 198, der dem Inhaber des Gebrauchsmusters, einerlei,

ob er eingetragen ist oder nicht, das Recht auf Verzicht gibt. Die Verzichtserklärung wird erst mit dem Eingang bei dem PatA. wirksam (§ 130 BGB.). Ein Widerruf ist dann unzulässig. Der Verzicht kann aber gemäß § 119 BGB. angefochten werden. Anfechtungsgegner ist das PatA. — Mehrere Eingetragene können nur gemeinsam verzichten (§ 745 Abs. 3 BGB.). — Verzichte, die ohne Zustimmung des Nießbrauchers, Pfandgläubigers erfolgen, sind unwirksam (so auch Kohler, Handbuch S. 667; Allfeld S. 142; Seligsohn, PatG. N. 4 § 9; Cantor S. 951; a. A. Kent § 9 N. 13). Bei Exklusivlizenzen ist ein Verzicht auch ohne Zustimmung des Trägers derselben wirksam. Streitig! S. Cantor S. 951. Gläubiger resp. der Konkursverwalter des im Hinblick auf eine drohende Zwangsvollstreckung (Konkurs) verzichtenden Eingetragenen haben kein Anfechtungsrecht nach § 13 AnfG., § 31 KO. Es fehlt ein bereicherter Anfechtungsgegner (Kohler a. a. O. S. 668; Seligsohn N. 15 zu § 9 PatG.; Isay N. 7 zu § 9 PatG.). Der Verzicht ist aber gemäß § 134 BGB. nichtig (so auch Isay N. 7 zu § 9 PatG; a. A. RGZ. 6, 170). Teilverzichte sind zulässig. Vgl. PatA. in PMZBl. 1, 152:

„Nachträgliche Eingaben, die ersichtlich nur eine Einschränkung des in der Anmeldung beanspruchten Schutzes enthalten, sind während der ganzen Dauer der Schutzfrist zulässig."

Der Verzicht wirkt nur ex nunc; die Löschung des Gebrauchsmusters auf Grund desselben hat nur deklarative Wirkung. Die gezahlte Gebühr wird nicht zurückerstattet. Die vorzeitig gezahlte Verlängerungsgebühr wird aber zurückgezahlt, wenn das Gebrauchsmuster vor Ablauf der ersten drei Jahre gelöscht wird.

7. Der Löschungsantrag ist an sich kein Verzicht, kann aber einen solchen enthalten; er ist, sofern er keinen Verzicht enthält, bis zur erfolgten Löschung zurücknehmbar. Soweit der Löschungsantrag das Erlöschen des Gebrauchsmusters bewirken soll, ist er ein publizistisches Rechtsgeschäft. Davon zu unterscheiden ist die Löschung des § 8 Abs. 3; hier hat der Löschungsvermerk nur beurkundenden Charakter. — Neben die Endigungsgründe: Zeitablauf, Verzicht, tritt als dritter

Grund: die Löschung als rechtsgeschäftlicher Akt. Der Löschungsvermerk wirkt somit hier rechtsvernichtend.

Hierher gehört der Fall des § 6. Der Löschungsantrag kann von dem prozeßfähigen Eingetragenen oder von einem Dritten unter Vorlage einer Löschungsbewilligung desselben gestellt werden (vgl. hierzu Isay N. 3 - 5 zu § 8 und dort Zitierte). Die Löschungsbewilligung ist widerruflich, sofern das zugrunde liegende Rechtsverhältnis nichts anderes ergibt. Das PatA. muß den zu seiner Kenntnis gebrachten Widerruf beachten.

Beseitigung des materiell unbegründeten Widerrufs kann nur durch Klage desjenigen, zu dessen Gunsten die Löschungsbewilligung erteilt war, erfolgen.

8. Zu Unrecht vom PatA. vorgenommene Löschungen sind unwirksam; daher ist der Löschungsvermerk zu streichen. (Seligsohn N. 5 zu § 8; a. A. Isay N. 4 zu § 8).

9. Wegen Nichtausführung des Gebrauchsmusters kann dessen Löschung nicht herbeigeführt werden.

10. Der Veröffentlichung der Löschung kommt keine rechtliche Bedeutung zu.

11. Bis zur Löschung resp. bis zur Verzichtserklärung ist das Gebrauchsmuster wirksam. Entschädigungsklagen können auch nach dem Erlöschen desselben für die vorhergehende Zeit angestrengt werden; in Fällen, in denen Löschungsbewilligungsurteil gemäß § 6 Abs. 1 ergangen ist, kann freilich die Einrede des mangelnden Schutzrechtes erhoben werden.

§ 9.

Wer wissentlich oder aus grober Fahrlässigkeit den Bestimmungen der §§ 4 und 5 zuwider ein Gebrauchsmuster in Benutzung nimmt, ist dem Verletzten zur Entschädigung verpflichtet.

Die Klagen wegen Verletzung des Schutzrechtes verjähren rücksichtlich jeder einzelnen dieselbe begründenden Handlung in drei Jahren.

1. Voraussetzungen des Schadensersatzanspruches.

I. Der objektive Tatbestand erfordert:

a) Vorhandensein eines nach § 1 GebrMG. schutzfähigen Gebrauchsmusters zur Zeit der Verletzung. — Die Schutzfähigkeit muß in jedem Falle beim ordnungsgemäßen Bestreiten des Beklagten geprüft werden, solange das Gebrauchsmuster noch nicht gelöscht ist, da ein Urteil auf Grund einer gemäß § 6 angestrengten Klage nur zwischen den Parteien wirkt. — Stellt das Gericht die mangelnde Schutzfähigkeit fest, dann besteht keine Schadensersatzpflicht; wohl aber ist diese begründet, wenn das Gebrauchsmuster erst nach erfolgter Verletzung aus einem anderen Grunde als wegen mangelnder Schutzfähigkeit gelöscht wird, erlischt oder darauf wirksam verzichtet wird.

b) Widerrechtliche Benutzung des Gebrauchsmusters. Benutzt ist ein Gebrauchsmuster in den im § 4 erwähnten Fällen (gewerbsmäßig!). Widerrechtlichkeit wird durch ein Vorbenutzungsrecht (s. § 4 N. 17), durch Lizenzerteilung oder Genehmigung der Benutzung im Einzelfall seitens des Berechtigten ausgeschlossen, dagegen nicht dadurch, daß der Schutzberechtigte die schutzverletzenden Waren zur Feststellung des Verstoßes gegen § 4 durch einen Dritten (agent provocateur) bestellen läßt (RG. vom 17. Dezbr. 1892 JW. 1893 124; RGSt. 23, 363).

c) Vorhandensein eines durch die widerrechtliche Benutzung verursachten Schadens. Da der Verletzte keine Lizenz zahlt, so ist immer (s. § 252 BGB) Gewinn entgangen.

Immaterieller Schaden genügt nicht; wohl aber mittelbarer Schaden, z. B. die Entwertung des Schutzrechtes.

II. Der subjektive Tatbestand setzt voraus:

a) Wissentlichkeit (= Vorsatz) d. i. Handeln in Kenntnis der wesentlichen Tatbestandsmerkmale: Bestehen des rechtsbeständigen Schutzrechtes, Tragweite desselben, Rechtswidrigkeit der Benutzung; dagegen ist das Bewußtsein der möglichen Schadenszufügung nicht erforderlich.

Genügend ist (RG. vom 10. Oktbr. 1908 Recht 1908 Nr. 3899) das Vorhandensein des sog. bedingten Vorsatzes (dolus eventualis) d. h. das Bewußtsein, daß die Tatbestandsmerkmale möglicherweise vorhanden sind und der Entschluß, die Handlung trotz der sonach möglichen Verletzung des Gebrauchsmusters vorzunehmen. Dolus eventualis liegt nicht vor, wenn damit gerechnet wird, daß eine Verletzung nicht eintritt, auch wenn die Möglichkeit des Eintretens nicht verkannt wird. (RG. vom 7. Dezbr. 1899 RGSt. 33, 4; RG. vom 2. Febr. 1907 Recht 1907, 585 Nr. 1247; RG. vom 4. Mai 1909 LZ. 1909, 678; DJZ. 1909, 825; RG. vom 8. April 1910 MarkenS. u. W. 10, 29; daselbst auch RG. S. 179, 209, 210).

S. aber RGSt. I vom 20. Jan. 1908 JW. 1908, 388: „Bei Vorsätzlichkeit der äußeren Handlung genügt schon das Bestehen einer in den Willensentschluß und damit in den strafbaren Vorsatz einbezogenen Unsicherheit oder eines nicht durch zuversichtliche gegenteilige Erwartung beseitigten Zweifels an der Rechtmäßigkeit der Handlung und ihrer notwendigen oder möglichen Wirkungen um dolus eventualis anzunehmen." — Entschuldbarer Irrtum über die konkreten Tatumstände hinsichtlich der Schutzfähigkeit des Gebrauchsmusters schließt stets die Verantwortlichkeit aus. (Isay N. 2 zu § 9 und Cantor S. 970 und dort zitierte Entscheidungen).

Warnungen vor der Schutzverletzung, die nicht allgemeiner Natur sind, sondern sich auf Unterlagen gründen, Bekanntgabe des Bestehens des Schutzrechtes durch das Anbringen deutlicher Hinweise, wie „gesetzlich geschützt", „D. R. G. M." (Bek. des PatA. vom 12. Mai 1893) können die Annahme wissentlichen oder doch bedingt vorsätzlichen, wie auch grobfahrlässigen Handelns begründen, besonders, wenn der Verletzer eine sachgemäße Prüfung der Frage der Rechtsmäßigkeit seines Handelns nicht vorgenommen hat.

b) Grobe Fahrlässigkeit, d. i. besonders schwere Vernachlässigung der im Verkehr erforderlichen Sorgfalt. Die Schutzverletzung wird begangen „ohne das Bewußtsein des rechtsverletzenden Erfolges; der Mangel dieses Bewußtseins ist aber zurückzuführen auf die Außerachtlassung einer Sorgfalt, welche normalerweise von keinem verständigen Angehörigen des Bildungs-, Gewerbs- und Verkehrskreises des Täters bei der Sachlage außer acht gelassen werden darf". (Cantor S. 1002).

Die Grenze zwischen grober Fahrlässigkeit und bedingtem Vorsatze wird häufig schwer zu ziehen sein. — Maßgebend ist allein die Entschuldbarkeit, nicht die Vermeidbarkeit des Handelns.

Sehr beachtenswert sind die Ausführungen Isays N. 12 zu § 35 PatG. darüber, daß bei Beurteilung des subjektiven Momentes auf seiten des Schutzverletzers nicht nur diejenigen Momente zu berücksichtigen sind, welche seine Einsicht, seine Ueberzeugung zu beeinflussen geeignet waren, sondern auch diejenigen, welche seine Entschlußfähigkeit beeinflußt haben, z. B. die Einstellung eines Betriebes, die neben dem eigenen pekuniären Verluste auch die Entlassung einer größeren Zahl Angestellter zur Folge hatte.

Eine Erkundigungspflicht hinsichtlich des Bestehens eines Gebrauchsmusters besteht im allgemeinen nicht; doch kann nach Art und Umfang des Geschäftsbetriebes des Verletzers eine solche unter Umständen in Betracht kommen. (RG. vom 7. Novbr. 1910 LZ. 5, 147; MarkenS. u. W. 10, 178; s. auch S. 222).

Schuldhaftes Handeln ist ausgeschlossen, wenn der Inhaber des Gebrauchsmusters einen Patentschutz zu haben behauptet und der Verletzer, nachdem seine Nachforschungen das Nichtbestehen eines solchen ergeben haben, diese einstellt. (RG. vom 16. Oktbr. 1901 JW. 1901, 808).

2. Der Schadensersatzanspruch.

a) § 9 hat die Eigenschaft eines Sondergesetzes, welches durch das Inkrafttreten des BGB. nicht berührt worden ist (Art. 32 EG. BGB.). Eine Anwendung der §§ 823, 831 BGB. ist daher zwecks Ausdehnung des Schadensersatzanspruches auf andere als wissentliche oder grobfahrlässige Schutzverletzungen ausgeschlossen. (RG. vom 2. Dezbr. 1908 Recht 1909 Nr. 748; LZ. 1909, 234; PMZBl. 10 [1904] 19; s. RGZ. 62, 321).

b) Kläger ist der Verletzte, d. i. der zur ausschließlichen Benutzung des Gebrauchsmusters Berechtigte: der eingetragene Inhaber, der Nießbraucher, der Inhaber einer Exklusivlizenz. — Streitig ist, ob auch der Inhaber einer einfachen Lizenz klageberechtigt ist. Dafür: Kent § 6 N. 250; Seligsohn § 6 Anm. 9 und besonders Rudolf Isay, GewRSchutz 14, 58 ff. (Literatur daselbst). Dagegen Isay N. 16 zu § 6 PatG.; Kohler, Handbuch 511. Es empfiehlt sich daher, den Lizenznehmer im Lizenzvertrag zu bevollmächtigen, die Klage in seinem Namen zu erheben (s. § 168 BGB.; auch S. 86, 87).

c) **Beklagter** ist der das Gebrauchsmuster Benutzende und die Personen, die an dessen rechtswidrigem Handeln teilnehmen, resp. die Erben. Als „**Teilnehmer**" ist jeder anzusehen, der sich an der Gebrauchsmusterverletzung eines anderen nicht nur objektiv, sondern auch subjektiv in bewußtem und gewollten Zusammenwirken beteiligt (RG. I vom 2. Febr. 1907 RGZ. 65, 157). Die Frage, inwieweit der schuldlose Geschäftsherr für Gebrauchsmusterverletzungen seiner **Angestellten** haftbar gemacht werden kann, wird verschieden beantwortet. RG. vom 2. Dezbr. 1908 RGZ. 70, 75; JW. 1909, 136 erklärt — m. E. zutreffend — die Anwendung von § 831 BGB. für ausgeschlossen, weil sonst eine Schadensersatzpflicht ohne Verschulden des Angestellten oder des Geschäftsherrn begründet werden könne. So auch Seligsohn (§ 35 PatG. N. 8 und 11), Kent (N. 66 zu § 35). Dagegen will Isay (N. 2 zu § 35 PatG.) § 831 BGB. anwenden und zieht ausdrücklich die Konsequenz, daß der Geschäftsherr auch für Gebrauchsmusterverletzungen hafte, bei denen seinen Angestellten kein Verschulden zur Last fällt (s. auch Cantor S. 1018).

Eine Mittelmeinung vertritt Düringer LZ. 3, 324, der § 831 BGB. unter der Voraussetzung anwenden will, daß der Angestellte bei der Verletzung und der Geschäftsherr bei der Leitung grobfahrlässig gehandelt haben.

Hinsichtlich juristischer Personen, offenen Handelsgesellschaften usw. vgl. §§ 31, 86, 89, 26 BGB., §§ 126, 235 HGB. Die Haftung tritt nicht nur bei Handlungen ein, die in Ausübung der Vertretungsmacht vorgenommen werden, sondern auch bei solchen, die in Ausführung tatsächlicher Verrichtungen erfolgen (RGZ. 57, 38). — Mehrere Verletzer haften als Gesamtschuldner (§§ 840 ff. BGB.), auch der Vertreter, der Angestellte im Verein mit der juristischen Person usw., resp. dem Geschäftsherrn. Im Verhältnis der Verletzer untereinander kommt § 426 BGB. (gleicher Anteil), auch § 840 Abs. 2 BGB. in Betracht. Haben die Verletzer unabhängig von einander gehandelt, z. B. Fabrik und Zwischenhändler, so tritt natürlich keine Gesamthaftung ein.

d) Die **Klage** ist — §§ 100a, 101 GVG. —, falls die Zuständigkeit des Landgerichts gegeben ist, bei der Kammer für Handelssachen zu erheben. Für die **örtliche Zuständigkeit** sind keine besonderen Vorschriften gegeben, es kommen daher die §§ 12—37 ZPO. in Anwendung. Hervorgehoben sei, daß die auf § 9 GebrMG. gegründete Entschädigungsforderung ein Anspruch aus einer unerlaubten Handlung ist und deshalb im Gerichtsstande des § 32 ZPO. geltend gemacht werden kann. Kommen Verletzungen in den Bezirken verschiedener Gerichte vor, so ist jedes der in Frage kommenden Gerichte für die Entscheidung über die Schadensersatzforderung zuständig, die aus dem rechtswidrigen Verhalten des Verletzers in seiner Gesamtheit hergeleitet wird (RG. Plenarentsch. in RGZ. 72, 41 ff.). — Da der Entschädigungsanspruch auch den Anspruch auf **Rechnungslegung** mit umfaßt (RGZ. 70, 252), so kann dieser auch bei dem für jenen zuständigen Gerichte geltend gemacht werden. Darüber, ob im Gerichtsstande des § 32 ZPO. auch die Unterlassungsklage in Verbindung mit der Schadensersatzklage erhoben werden kann, s. zu § 4 N. 18e. Die Zulässigkeit der **Feststellungsklage** kann damit begründet werden, daß eine Bezifferung des Schadens zurzeit unmöglich sei, andererseits die Verjährungszeit (§ 9) gewahrt werden müsse.

e) **Die Berechnung des Schadens** ist nach der Wahl des Verletzten in dreifacher, sich einander ausschließender Weise möglich:

α) Verlangen des dem Verletzten **erwachsenen (mittelbaren und unmittelbaren) Schadens und entgangenen Gewinnes.** Maßgebend wird für den unmittelbaren Schaden meist der entgangene Absatz sein. Hat der Absatz des Verletzten sich nicht verringert, so muß davon ausgegangen werden, daß er ohne die Gebrauchsmusterverletzung sich gesteigert hätte; dies hat der Verletzte zu beweisen. Hierin liegt bei der Schwierigkeit der Beweisführung eine große Gefahr in der Anwendung dieser Berechnungsmethode. Denn wenn der Absatz keine Verringerung erfahren hat, so kann nach der Ansicht des RG. als Schaden nur die entgangene Lizenzgebühr oder Herausgabe des vom Verletzer gezogenen Gewinnes verlangt werden. (RG. vom 31. Dezbr. 1908 RGZ. 43, 56).

Regelmäßig wird anzunehmen sein, daß der entgangene Gewinn des Gebrauchsmusterinhabers dem Verdienste des Verletzers entspricht. (RG. in JW. 1908, 162; RGZ. 58, 321; JW 1904, 501); der entgangene Gewinn kann aber auch, was der Verletzer zu beweisen hat, z. B. wegen der Generalunkosten, geringer sein, oder der Verletzte hätte ihn nicht erzielen können, z. B. wegen bestehender Differenzen mit den Kunden, des schlechten Renommees seiner Fabrikate. (S. Cantor S. 1029).

Zu dem ersetzenden mittelbaren Schaden gehört auch die Diskreditierung des Gebrauchsmustergegenstandes, z. B. wegen mangelhafter Qualität der vom Verletzer vertriebenen Waren, allgemeine Schmälerung des Kundenkreises oder Verwirrung desselben durch die Schutzrechtsverletzung, Entwertung des Schutzrechtes hinsichtlich künftiger Linzenzerteilung an Dritte, Kosten, die zur Aufklärung des Publikums aufzuwenden sind. Mit vollstem Rechte heben Freund-Magnus, WZG. S. 193 unter Berufung auf Isay (GewRSch. 9, 25 ff) und Damme (Patentrecht S. 407) hervor, daß diese und ähnliche Gesichtspunkte in der gerichtlichen Praxis viel zu wenig beachtet werden, und weisen darauf hin, daß *auch sonst die Ausübung des richterlichen Ermessens bei Beurteilung, ob und in welcher Höhe ein Schaden entstanden ist, ein viel zu wenig freies ist und den Verkehrsverhältnissen zu wenig Rechnung trägt.* Allgemein ist immer zu berücksichtigen, daß der Zweifel, ob und in welcher Höhe ein Schaden entstanden ist, die Folge des schuldhaften Handelns des Verletzers ist und daher nicht zu dessen Vorteil in Betracht zu ziehen ist. (Seligsohn N. 18 zu § 35 PatG.).

β) *Verlangen der* entgangenen, angemessenen *Lizenzgebühr.* Diese Schadens-Berechnungsmethode ist besonders dann wichtig, wenn der Absatz keine Schmälerung erfahren hat. Möglich, und m. E. immer empfehlenswert, ist es, den Gesichtspunkt der entgangenen Lizenz zur Grundlage der Schadensberechnung nach α so zu machen, daß nach Einstellung der angemessenen Lizenzgebühr dargetan wird, daß ein weiterer Schaden an entgangenem Absatz erwachsen ist (vgl. RG. vom 1. Jan. 1908 Recht 1908, 144).

γ) Verlangen der Herausgabe des durch die Gebrauchsmusterverletzung erzielten Gewinnes. (RG. vom 31. Dezbr. 1898 RGZ. 43, 56; JW. 1899, 146; RG. vom 8. Juni 1895 RGZ. 35, 94; RG. vom 11. Jan. 1902 RGZ. 50, 111; JW. 1902, 138; PMZBl. 8 [1902] 133). Unbeachtlich ist der Einwand, der Schutzinhaber hätte den Gewinn nicht erzielen können, oder der Verletzer habe den Gewinn z. Z. der Klageerhebung nicht mehr besessen. A. A. ist Isay (§ 35 PatG. N. 15), der die Verpflichtung zur Herausgabe des erzielten Gewinnes nicht auf den Gesichtspunkt des Schadensersatzes, sondern der Geschäftsführung ohne Auftrag gründet Es empfiehlt sich bei der Wahl dieses Schadensersatzmodus mit Rücksicht auf diese Streitfrage, und die Erheblichkeit der von Isay angeführten Gründe, die negotiorum gestio als event. Klagegrund anzugeben, um so mehr als der Gewinn des Verletzers auch dann beansprucht werden kann, wenn er dem Verletzten nicht entgangen ist oder von ihm nicht hätte erzielt werden können. (Letzteres wichtiger Gesichtspunkt!)

Es ist aber zu beachten, daß

1. die Gewinnherausgabe nach § 687 BGB. nur bei wissentlicher Schutzverletzung verlangt werden kann;
2. die Verjährung des auf § 687 BGB. gegründeten Anspruchs erst in 30 Jahren (§ 195 BGB.) eintritt.

Einen Abzug für Generalunkosten oder seine eigene Tätigkeit darf der Verletzer bei der Gewinnberechnung nicht machen.

Isay will — entgegen der oben und auch von Seligsohn (N 12 zu § 35 PatG.), Kent (N. 24 zu § 35 PatG.) und Cantor (S. 1034) vertretenen Ansicht — die Kumulierung des Anspruchs auf Gewinnherausgabe mit dem auf Schadensersatz zulassen. In der Form der event. Klagebegründung ist es möglich, die Schadensersatzforderung auf die drei erörterten Gesichtspunkte abzustellen. Es ist daher die Abfassung der Klage in dieser Weise zur Vermeidung von

Weiterungen wegen dieser Streitfrage dringend zu empfehlen.

3. Ein Anspruch auf Rechnungslegung ist gegeben bei der Schadensberechnung nach e β und γ und zwar einerlei, ob es sich um wissentliche oder grobfahrlässige Verletzung des Schutzrechtes handelt. (RGZ. 46, 14; 62, 320; 70, 249).

Ueber die Art der Rechnungslegung, Offenbarungseid s. § 259 BGB. S. § 4 N. 18 m S. 58.

4. Vernichtung der vom Verletzer hergestellten Gegenstände kann nicht verlangt werden, wohl aber deren Zurückziehung aus dem Verkehr, Sequestrierung bis zum Ablauf der Schutzfrist. (Isay N. 17 zu § 35 PatG.).

Abs. 2.

5. Verjährung.

a) Die Vorschrift des § 9 Abs. 2 erstreckt sich nur auf die Schadensersatzklage, die zivilrechtliche Deliktsklage, daher erfaßt sie auch nicht den Anspruch auf Zuerkennung einer Buße.

b) Die Verjährungsfrist beginnt mit dem Tage, an welchem die einzelne, das Schutzrecht verletzende Handlung begangen worden ist. § 852 Abs. 1 BGB. findet keine Anwendung. So mit Recht die herrschende Meinung: Allfeld, PatG. § 39 N. 2; Cantor S. 1052; Kent § 39 N. 2; Kohler, Musterrecht S. 147; Seligson § 39 PatG. N. 2 u. a. Allein Isay (§ 39 N. 2) will § 852 Abs. 1 BGB. anwenden, d. h. also den Lauf der Verjährungsfrist von dem Zeitpunkt ab beginnen lassen, in welchem der Verletzte von dem Schaden und der Person des Ersatzpflichtigen Kenntnis erlangt. — Berechnung der Verjährungsfrist gemäß §§ 187, 188, 193 BGB. (S. S. 93). Mit jedem Tag der Benutzung beginnt eine neue Verjährungszeit. (Cantor S. 1053 und da Zit.).

c) Unterbrechung und Hemmung der Verjährung: § 209 BGB. Das Stellen eines Antrages auf Strafverfolgung oder Zuerkennung von Buße wirkt nicht als „Unterbrechung", ebenso nicht die Klage auf Rechnungslegung

d) Nach Vollendung der Verjährung besteht auch kein Anspruch auf Herausgabe der Bereicherung mehr. A. A.

Isatz § 39 N. 4 PatG. Der Anspruch auf Buße wird aber durch die Verjährung nicht berührt. (RG. vom 1. Oktbr. 1894; RGStr. 26, 129; RG. vom 19. Oktbr. 1896 PMZBl. 2 [1896] 322).

§ 10.

Wer wissentlich den Bestimmungen der §§ 4 und 5 zuwider ein Gebrauchsmuster in Benutzung nimmt, wird mit Geldstrafe bis zu fünftausend Mark oder mit Gefängnis bis zu einem Jahre bestraft.

Die Strafverfolgung tritt nur auf Antrag ein. Die Zurücknahme des Antrages ist zulässig.

Wird auf Strafe erkannt, so ist zugleich dem Verletzten die Befugnis zuzusprechen, die Verurteilung auf Kosten des Verurteilten öffentlich bekannt zu machen. Die Art der Bekanntmachung, sowie die Frist zu derselben ist im Urteil zu bestimmen.

1. Voraussetzung der Strafbarkeit sind:

a) ein eingetragenes, rechtsbeständiges Gebrauchsmuster,

b) eine wissentliche (oder bedingt vorsätzliche) und objektiv widerrechtliche, gewerbsmäßige Benutzung desselben im Inlande.

Der Strafrichter hat auch das Vorhandensein des Erfordernisses zu a zur Zeit der Begehung der Tat zu prüfen und selbständig festzustellen. — Er kann sein Urteil nicht auf ein Zivilurteil abstellen, da selbst eine auf Grund eines solchen bewirkte Löschung nicht rückwirkend ist. Doch gibt die Löschung des Gebrauchsmusters einen Grund zur Wiederaufnahme des Verfahrens ab. (§ 399 N. 5 StPO.).

Durch eine jede der im § 4 aufgeführten Handlungen erfolgt eine Benutzung des Gebrauchsmusters.

2. Der Versuch ist straflos. (§ 43 Abs. 2 StGB.).

3. Strafantrag (s. §§ 61 ff. StGB., § 156 Abs. 2 StPO.) braucht nur gegen den „Täter“, nicht gegen eine bestimmte Person gestellt zu werden (RG. vom 22. Jan. 1894 JW.

1894, 158). Antrag auf Haussuchung genügt schon. (RG. vom 1. Dezbr. 1892 in PMZBl. 1893, 74).

Der Strafantrag ist unteilbar; er kann also nicht gegen einzelne von mehreren Tätern gerichtet oder zurückgenommen werden; im letzteren Falle gilt er als gegen alle Täter zurückgenommen.

Die dreimonatliche Antragsfrist läuft bei fortgesetzten Vergehen von der letzten strafbaren Handlung ab. (RG. vom 27. April 1909 in PMZBl. 15 [1909] 260; JW. 1909, 526).

Die Prüfung der Rechtzeitigkeit des Strafantrages hat das Gericht von Amts wegen vorzunehmen. (RGSt. I vom 15. Jan. 1885 RGSt. 11, 398).

Zur Stellung des Strafantrages ist der „Verletzte" berechtigt (vgl. § 9 N. 2b). Stellt der Inhaber des Gebrauchsmusters den Strafantrag, so muß er — nach der herrschenden Ansicht; s. aber S. 39 — wenigstens im Laufe des Verfahrens seine Eintragung in die Rolle bewirken. (Kent § 36 N. 85). — Ein Vertrag über Zurücknahme des Strafantrages ist rechtlich wirksam (RG. vom 23. Febr. 1907 RGZ. 42, 60; Recht 1907, 463). Praktisch wird man ihn so formulieren, daß die Zurücknahme des Strafantrages Zug um Zug mit der Erfüllung der Verpflichtung des Verletzers zu erfolgen hat.

4. Der Verletzer des Gebrauchsmusters ist strafbar; bei juristischen Personen kann sich das Strafverfahren nur gegen diejenigen physischen Personen richten, welche die Gebrauchsmusterverletzung wissentlich begangen haben. Das Wissen kann nicht präsumiert werden. (RGSt. 5, 105).

Ueber Mittäterschaft (es ist nicht nötig, daß jeder einzelne die Verletzungshandlung selbständig vornimmt, aber bewußtes und gewolltes Zusammenwirken ist erforderlich), Anstiftung (z. B. Bestellen von Gegenständen, welche das Gebrauchsmuster verletzen, bei einem Fabrikanten, der ebenfalls das Gebrauchsmuster kennt), Beihilfe s. §§ 47—49 StGB.)

5. Beschlagnahme der das Gebrauchsmuster verletzenden Gegenstände: § 94 StPO.

Einziehung derselben, sowie der zur Herstellung dienenden Werkzeuge: §§ 40, 42 StGB., §§ 477—479 StPO.

6. Oeffentliche Bekanntmachung des lediglich auf Grund des § 10 verurteilenden Straferkenntnisses ist immer und ohne Antrag auszusprechen. Die gewöhnliche Form der Bekanntmachung ist die der Zeitungsannonce. In geeigneten Fällen, z. B. bei besonders frivolen oder infolge großer Reklame schwer schädigenden Verletzungen kann sie auch in Form von Zirkularen, Anschlägen am Geschäftslokale, in Industriebörsen, Meßlokalen, Exportmusterlagern usw. erfolgen (s. Wertheimer, MarkenS. u. W. 12, 16).

Das Gericht kann vollinhaltliche oder auch nur teilweise (auszugsweise) Bekanntmachung anordnen; in der Regel genügt Publikation des Rubrums und des Tenors.

Bei Verurteilung in Idealkonkurrenz mit einem anderen Delikte, auf das schwerere Bestrafung, aber keine Publikationsbefugnis steht, darf die öffentliche Bekanntmachung nicht ausgesprochen werden. (RGSt. vom 17. April 1882 RGSt. 6, 180).

Das Publikationsrecht geht, weil höchstpersönlich, nicht auf die Erben über.

Zweckmäßig bestimmt das Gericht für die Publikation im Urteil einen Maximalkostenbetrag. — Das Strafgericht setzt die von dem Verurteilten zu ersetzenden Kosten gemäß § 496 Abs. 2 StPO. fest (OLG. Darmstadt vom 17. Dezbr. 1895 DJZ. 1, 124). Die Zeitungen müssen die Bekanntmachung aufnehmen (§ 10 PreßG.).

7. Die Verjährung der Strafverfolgung erfolgt in 5 Jahren (§§ 61, 67 StGB.).

8. Es ist zulässig, den Angeklagten von dem Erscheinen in der Hauptverhandlung zu entbinden. A. A. die herrschende Meinung (s. RGSt. 35, 17). Freund-Magnus, Warenzeichengesetz S. 199, weisen aber zutreffend darauf hin, daß diese deshalb unrichtig ist, weil die Publikation des Urteils keine „Strafe" ist. S. § 232 StPO.: „. . . keine andere Strafe als Freiheitsstrafe bis zu sechs Wochen oder Geldstrafe oder Einziehung . . . .".

9. Der angeblich Verletzte, der wissentlich oder fahrlässig (entschuldbarer Irrtum daher beachtlich) auf Grund eines nicht rechtsbeständigen Gebrauchsmusters wegen dessen Verletzung ein Strafverfahren veranlaßt, ist nach § 823, event.

nach §§ 824, 826 BGB. dem Beschuldigten resp. Angeklagten schadensersatzpflichtig. (OLG. Karlsruhe in Recht 1905 S. 529).

§ 11.

Statt jeder aus diesem Gesetze entspringenden Entschädigung kann auf Verlangen des Beschädigten neben der Strafe auf eine an ihn zu erlegende Buße bis zum Betrage von 10 000 Mark erkannt werden. Für diese Buße haften die zu derselben Verurteilten als Gesamtschuldner.

Eine erkannte Buße schließt die Geltendmachung eines weiteren Entschädigungsanspruchs aus.

1. Voraussetzung des Erkennens auf Erlegung einer Buße ist Verurteilung wegen einer wissentlichen Gebrauchsmusterverletzung (vgl. §§ 10, 9 GebrMG.). Vgl. auch RG. in PMZBl. 8 (1902) 6. — Mit Aufhebung des Urteils entfällt der Anspruch auf Buße; erfolgt dieselbe z. B. im Wiederaufnahmeverfahren, dann besteht wegen der gezahlten Buße ein Herausgabeanspruch gemäß §§ 812 ff. BGB.

2. Der Beschädigte (z. B. der Inhaber des Gebrauchsmusters, Nießbraucher, der ausschließliche Lizenzträger, ob auch der einer einfachen Lizenz, ist streitig; dafür Cantor S. 1076; dagegen u. a. Kent § 36 N. 8 b PatG.) kann nur als Nebenkläger die Zuerkennung einer Buße beantragen (vgl. §§ 443 bis 445 StPO.). Der Strafantrag enthält nicht implicite das Verlangen einer Buße; ein besonderer Antrag ist nötig. Derselbe ist zweckmäßig vor der Hauptverhandlung zu stellen, da der Angeklagte der Zulassung des erst in der Hauptverhandlung gestellten Antrages dann erfolgreich widersprechen kann, wenn er glaubhaft macht, daß seine Verteidigung dadurch beschränkt werde, weil er sich nicht auf die Stellungnahme zu diesem Antrag habe vorbereiten können (RG.Rspr. 7, 616; RGSt. 36, 247). Der schriftlich gestellte Antrag auf Bußezahlung gilt beim Nichterscheinen des Nebenklägers in der Hauptverhandlung nicht als zurückgenommen (RGSt. 7, 376; 32, 346). Der Antrag muß eine bestimmte

Höhe der Buße angeben; der Betrag kann bis zum Schlusse der mündlichen Verhandlung erster Instanz erhöht werden, auch wenn er vorher schriftlich gestellt war (RG.Rspr. 3, 544). Der Antrag kann zurückgenommen werden, kann aber dann nicht mehr gestellt werden (RG. vom 18. Juni 1883 RGSt. 8, 384). Bei mehreren Beschädigten kann jeder für sich Buße verlangen; die Gesamtsumme darf aber 10 000 Mk. nicht übersteigen.

3. Kann. Die Entscheidung der Frage, ob auf eine Buße zu erkennen ist, steht nicht in freiem Belieben des Gerichts; es muß dem Antrag entsprechen, wenn die Hauptverhandlung die erforderlichen Grundlagen hierfür ergeben hat. Der Beschädigte muß das Vorhandensein eines Schadens dartun (RGSt. 1, 328; 6, 398; 17, 190), sonst hat er keinen Anspruch auf Buße (RG. in PMZBl. 6 [1900] 255. Das Gericht kann den Antrag auf Buße nicht wegen mangelnden Beweises der Höhe des Schadens ablehnen (RG. in JW. 1900, 210; GewRSchutz 1, 252; RGSt. 17, 190; ZIndR. 1908, 177; MarkenS. u. W. 1908, 209). In einem solchen Falle muß es nach freiem Ermessen entscheiden, event. unter Zuziehung von Sachverständigen (RG. vom 9. Febr. 1888 RGSt. 17, 190). — Grundloses Uebergehen des Antrages auf Zuerkennung einer Buße oder Zurückweisung desselben aus Rechtsgründen ist Revisionsgrund. (RG. vom 1. Juli 1882 RGSt. 7, 12; GewRSchutz 1, 317).

4. Buße ist keine Strafe, sondern Entschädigung (RGSt. 12, 233; 15, 352; so auch 439; 31, 364). Deshalb: Erlaß seitens des Beschädigten möglich. Begnadigung ist ohne Einfluß auf die Zahlung der Buße. Auch nach einer Zurückverweisung (§ 398 StPO.) kann auf Buße — keine reformatio in pejus — noch erkannt werden (RGSt. 15, 439). Trotzdem ist aber der Anspruch auf Buße nur dann übertragbar und gegen die Erben des Verletzers nur verfolgbar, wenn zur Zeit des Todes des Verletzers bereits ein rechtskräftiges Strafurteil vorliegt.

5. Bei Bemessung der Höhe der Buße ist im Gegensatz zum Schadensersatzanspruche — dies ist bei der Erwägung, ob Zivil- oder Strafklage oder beides eingeleitet werden soll, sehr zu berücksichtigen! — neben dem Vermögens-

schaden auch der **immaterielle Schaden** in Betracht zu ziehen: Beeinträchtigung der persönlichen (z. B. Erfinder-) oder kaufmännischen Ehre, des Renommees, Kreditschädigung, die hervorgerufene Verwirrung in dem Kundenkreise, in der Ansicht über das Ausschluß-, das Lizenzrecht des Beschädigten; auch die Mühewaltung, welche die Abwehr der speziellen Verletzung des Gebrauchsmusters erforderte, ist zu berücksichtigen (Vgl. Kohler, Handbuch S. 578; Seligsohn N. 1 zu § 37 PatG.; Isay N. 2 zu § 37 PatG.; s. die Bedenken Kents N. 2 zu § 37 PatG.). S. N. 7.

6. **Zahlung der Buße** hat nach Rechtskraft des Urteils zu erfolgen gemäß §§ 270, 284, 288 BGB. **Aufrechnung** seitens der Verurteilten unzulässig (§ 393 BGB.). Die **Vollstreckung** findet auf Grund des Strafurteils nach den Vorschriften über die Vollstreckung der Zivilurteile statt. (§ 495 StPO.).

7. Buße und Entschädigungsanspruch stehen in keinem reinen Alternativverhältnis. Das Erkennen einer Buße wird nicht dadurch ausgeschlossen, daß ein Schadensersatzprozeß schwebt oder sogar bereits ein nicht vollen Schadensersatz gewährendes Urteil vorliegt; natürlich ist bei Bemessung der Buße darauf Rücksicht zu nehmen (RGSt. 9, 283; Kohler, Handbuch S. 579; Allfeld S. 294). Dies ist besonders wichtig wegen des Ersatzes des immateriellen Schadens (N. 5).

Auf Buße kann trotz Vorliegens eines vollen Schadensersatz gewährenden Zivilurteils dann erkannt werden, wenn der Beschädigte die zuerkannte Entschädigung nicht erhalten hat und das Urteil aus besonderen Gründen nicht zur Vollstreckung bringen oder sonst darauf keine Befriedigung erhalten kann (Kent N. 5 zu § 37 PatG. und dort Zitierte). Der Entschädigungsanspruch kann auch dann noch mit einer Zivilklage geltend gemacht werden, wenn der Strafrichter das Vorhandensein eines Schadens verneint und deshalb auf keine Buße erkannt hat. Ist die geltend gemachte Schadensersatzforderung durch Zahlung, Verjährung usw. erloschen, dann kann in deren Höhe eine Buße nicht mehr verlangt werden; wohl aber wegen des event. Mehrbetrages. (Kohler, Handbuch S. 580; RGSt. 9, 223; 16, 6; 9, 223; 16, 6; 26, 129). Unter Umständen wichtig gegenüber § 9 Abs. 2 GebrMG., der sich nicht auf § 11 bezieht.

8. Bei mehreren Verletzten ist, falls nicht verschiedene einzelne Zuwiderhandlungen vorliegen, auf eine Gesamtbuße zu erkennen (Gesamtschuldnerschaft); keine Teilbußen.

9. Ein Vergleich über alle Ansprüche aus der Schutzrechtsverletzung beseitigt auch den Anspruch auf Buße. (OLG. Stuttgart vom 11. Juli 1903 GewRSchutz 12, 303).

§ 12.

In den bürgerlichen Rechtsstreitigkeiten, in welchen durch Klage oder Widerklage ein Anspruch auf Grund der Bestimmungen dieses Gesetzes geltend gemacht ist, wird die Verhandlung und Entscheidung letzter Instanz im Sinne des § 8 des Einführungsgesetzes zum Gerichtsverfassungsgesetze dem Reichsgericht zugewiesen.

Dieser Paragraph hat nur für Bayern praktische Bedeutung, da nur dieses von der in § 8 EG. GVG. den Bundesstaaten vorbehaltenen Befugnis, die Entscheidung letzter Instanz in bürgerlichen Rechtsstreitigkeiten einem obersten Landesgerichte zuzuweisen, Gebrauch gemacht hat.

Für Beschwerden gegen Beschlüsse und Revisionen gegen Urteile bayerischer Oberlandesgerichte ist also das Reichsgericht zuständig, falls ein Anspruch auf Grund dieses Gesetzes geltend gemacht wird oder — gemäß § 8 EG. BGB. — ein bürgerlicher Rechtsstreit vorliegt, der ein Gebrauchsmuster betrifft und in welchem ein Anspruch auf Grund des BGB. geltend gemacht wird. Die Zuständigkeit des Reichsgerichts ist auch dann gegeben, wenn die Klage, mit welcher der auf das GebrMG. gegründeten Anspruch verfolgt wird, mit einer Klage verbunden oder gegen die eine Widerklage erhoben wird, die sich auf andere Gesetzesbestimmungen stützen. Vgl. Kent § 38 PatG. S. auch Art. 6 EG. BGB.

§ 13.

Wer im Inlande einen Wohnsitz oder eine Niederlassung nicht hat, kann nur dann den Anspruch auf den Schutz dieses Gesetzes geltend machen, wenn in dem Staate, in welchem sein Wohnsitz oder seine Niederlassung sich befindet, nach einer im Reichsgesetzblatt enthaltenen Bekanntmachung deutsche Gebrauchsmuster einen Schutz genießen.[1])

Wer auf Grund dieser Bestimmung eine Anmeldung bewirkt, muß gleichzeitig einen im Inlande wohnhaften Vertreter bestellen. Name und Wohnsitz des Vertreters werden in die Rolle eingetragen. Der eingetragene Vertreter ist zur Vertretung des Schutzberechtigten in den das Gebrauchsmuster betreffenden Rechtsstreitigkeiten und zur Stellung von Strafanträgen befugt. Der Ort, wo der Vertreter seinen Wohnsitz hat und in Ermangelung eines solchen der Ort, wo das Patentamt seinen Sitz hat, gilt im Sinne des des § 24 der Zivilprozeßordnung als der Ort, wo der Vermögensgegenstand sich befindet.

Abs. 1.

1. Die subjektive Schutzfähigkeit ist von dem Besitze der deutschen Staatsangehörigkeit unabhängig. Also: prinzipiell Gleichbestellung der In- und Ausländer.

Aber: nur wer im Inland einen Wohnsitz oder eine Niederlassung besitzt, kann Anspruch auf den Schutz des GebrMG. machen, d. h. er kann ein Gebrauchsmuster anmelden, oder, wenn er ein eingetragenes Gebrauchsmuster erworben hat (s. § 7), die Rechte daraus geltend machen. Personen, für welche eine dieser Voraussetzungen nicht zutrifft — einerlei, ob es sich um Deutsche oder Ausländer handelt, s. Wertheimer: Eine Lücke in der deutschen Gesetzgebung zum gewerblichen Rechtsschutz (LZ. 1913, 436) — sind nur dann schutzberechtigt, wenn die Gesetze des Heimatstaates deutschen Gebrauchsmustern nach einer im Reichsgesetzblatte enthaltenen Bekanntmachung Schutz gewähren. (Anders § 12

[1]) S. Exkurs I (S. 122).

PatG.). S. aber Exkurs I (S. 122): Vom 1. Mai 1913 ab wird diese Beschränkung für „Reichsangehörige" fallen.

2. Inland: Gebiet des Deutschen Reiches mit Helgoland. Streitig ist, ob auch die Schutzgebiete und Konsulargerichtsbezirke als „Inland" anzusehen sind. Die herrschende Meinung ist dafür (s. RG. vom 7. Novbr. 1901 JW. 1912, 90). A. A.: PatA. vom 23. Juni 1912, MarkS. u. W. XII. 102.

Schutzgebiete. 1. Südwestafrika, 2. Westafrika (Kamerun, Neukamerun [Kaiserl. Erlaß vom 3. Oktbr. 1912], Togo), 3. Ostafrika, 4. Kaiser-Wilhelmsland, d. h. die nicht unter englischer oder niederländischer Oberhoheit stehenden Teile des Festlandes von Neu-Guinea nebst den dazu gehörenden Inseln, die Inseln des Bismarcks-Archipels, die Salomonsinseln, 5. die Marschall-, Brown-, Providence-Inseln, 6. Kiautschou, 7. die Karolinen- und Palau-Inseln, die Mariannen mit Ausnahme von Guana, 8. die Samoagruppe, 9. Deutsch-Kongo.

Die deutsche Konsulargerichtsbarkeit wird noch ausgeübt: in China, Korea, Marokko, Persien, Sansibar, Siam, Türkei. Die in Aegypten und Rumänien ausgeübte Konsulargerichtsbarkeit ist eingeschränkt worden.

3. Wohnsitz: S. § 8 BGB.

4. Niederlassung: Es genügt irgendeine gewerbliche Niederlassung; Handels- oder Hauptniederlassung ist nicht erforderlich. Nötig ist aber:

a) das Vorhandensein eines Geschäftslokales, das zu dauerndem Gebrauche eingerichtet ist und auch (ständig oder periodisch) benutzt wird;

b) die Niederlassung muß der bestimmungsgemäße Mittelpunkt einer gewerblichen Tätigkeit sein.

(Vgl. RG. vom 1. April 1898 RGZ. 41, 68; JW. 1898, 299; PMZBl. 4 [1898] 118; Cantor S. 1159; Isay § 13 N. 3; Seligsohn § 13 N. 2).

Der Geschäftsbetrieb der „Niederlassung" braucht sich nicht auf die Herstellung oder den Vertrieb des Gebrauchsmustergegenstandes zu erstrecken.

5. Reziprozität.

Eine den gegenseitigen Gebrauchsmusterschutz feststellende Bekanntmachung ist bisher im Reichsgesetzblatt nicht erfolgt.

Die Gerichte dürfen also die Gegenseitigkeit nur mit solchen Staaten als verbürgt ansehen, in denen sie durch besonderen, verfassungsmäßig geschlossenen und publizierten Staatsvertrag vereinbart ist, selbst wenn die Gesetzgebung des betreffenden Auslandsstaates deutsche Gebrauchsmuster schützen sollte. (LG. I Berlin vom 27. Juni 1894 GewRSch. 1894, 274).

6. Internationale Verträge.

Für den internationalen Gebrauchsmusterschutz kommen in Betracht:

1) Internationale Uebereinkunft zum Schutz des gewerblichen Eigentums vom 20. März 1883 (sog. Pariser Konvention) nebst Brüsseler Zusatzakte vom 14. Dezember 1900. Ergänzt und neu redigiert auf der Washingtoner Konferenz 1911 (s Osterrieth, Die Washingtoner Konferenz 1912; desgleichen Jahrbuch für den internationalen Rechtsverkehr 1912/13, 374). S. Anhang S. 150 ff.

a) Unionsstaaten:

Belgien, Brasilien, Cuba, Dänemark nebst Faroer-inseln, Deutsches Reich, Frankreich mit Algier und Tunis, Großbritannien nebst Australischem Bund, Ceylon, Neu-Seeland, Tobago und Queensland, Japan, Italien, Mexiko, Niederlande nebst Niederländisch-Indien, Surinam und Curaçao, Norwegen, Oesterreich-Ungarn (nebst Bosnien und Herzegowina), Portugal (nebst Azoren und Madeira), San Domingo, Schweden, Schweiz, Serbien, Spanien, Tunis, Vereinigte Staaten von Nord-Amerika.

Von europäischen Staaten gehören also der Union nicht an:

Bulgarien, Griechenland, Luxemburg, Montenegro, Rumänien, Rußland.

b) Der Konventionsschutz erstreckt sich auf Gebrauchsmuster ohne Rücksicht darauf, ob die Erfindung in anderen Unionsstaaten durch ein Patent oder als Muster (Geschmacks- oder Gebrauchsmuster) geschützt ist.

Nach dem Unionsvertrage steht der Wohnsitz oder die Niederlassung in einem Vertragsstaate dem Wohnsitze oder einer Niederlassung im Inlande gleich. Diese Gleichstellung wird nicht nur den Angehörigen der Verbandsstaaten gewährt, sondern auch allen Personen, die in dem Gebiete eines Verbandsstaates ihren Wohnsitz oder eine tatsächliche und wirkliche gewerbliche oder Handelsniederlassung haben.

Für die Voraussetzungen, die Art und Weise der Erlangung des Schutzes und seine Wirkungen sind allein die Landesgesetze maßgebend.

c) Prioritätsrecht (s. zu folgendem auch Exkurs II S. 123).

Der Unionsvertrag gewährt den Unionsangehörigen ein Prioritätsrecht mit der Wirkung, daß

α) demjenigen, der in einem Unionsstaate ein Gebrauchsmuster (Patent, Muster) vorschriftsmäßig angemeldet oder hinterlegt hat, in allen anderen Unionsstaaten vier Monate vom Tage der Stammanmeldung an ein Vorrecht vor Anmeldungen des gleichen Gebrauchsmusters von irgendeiner anderen Seite gewährleistet ist.

β) eine Beschreibung der Gebrauchsmustererfindung in öffentlichen Druckschriften oder die offenkundige Benutzung derselben nur dann als neuheitsschädlich angesehen wird, wenn sie vor dem Zeitpunkt der Stammanmeldung liegt.

d) Die Prioritätsfrist richtete sich bisher nach der Art der Stammanmeldung (s. Osterrieth-Axter, Pariser Konvention S. 78 ff.). Dies ist wichtig für solche Erfindungen, die in Deutschland nur als Gebrauchsmuster, in einem Unionsstaate aber als Patente geschützt werden. (Prioritätsfrist für Patente: 12 Monate!).

Nach dem 1. Mai 1913 wird die Prioritätsfrist für Gebrauchsmuster gemäß der Washingtoner Fassung des Unionsvertrages (Art. 4) — deren Ratifikation vorausgesetzt — allgemein 12 Monate betragen (Gleichstellung der Gebrauchsmuster und Patente). Nur wenn das Gebrauchsmuster nicht als solches oder als Patent, sondern, wie es z. B. nach englischem Rechte möglich ist, als Muster oder Modell eingetragen wird, beträgt die Prioritätsfrist vier Monate.

II. Uebereinkommen zwischen dem Deutschen Reiche und Oesterreich und Ungarn, betr. den gegenseitigen gewerblichen Rechtsschutz vom 1. resp 17. November 1908 (s. Anhang S. 143, 146). Die Prioritätsfrist für die in Deutschland als

Gebrauchsmuster, in Oesterreich resp. Ungarn als Erfindungen angemeldeten Gegenstände beträgt bei Stammanmeldung in Deutschland vier Monate, bei Stammanmeldung in Oesterreich resp. Ungarn zwölf Monate.

Die Hinterlegung der Muster seitens Deutscher in Oesterreich-Ungarn erfolgt bei der Handels- und Gewerbekammer in Wien resp. Budapest.

Der Gebrauchsmusterschutz wird durch die Einfuhr einer in den Gebieten eines der Vertragsstaaten hergestellten Ware in die Gebiete eines anderen Vertragsstaates nicht berührt.

III. Uebereinkommen zwischen dem Deutschen Reiche und Italien über den gegenseitigen Patent-, Muster- und Markenschutz vom $\frac{\text{18. Januar 1892}}{\text{4. Juni 1902}}$ (s. Anlage S. 147 ff.). Prioritätsfristregelung wie sub II.

IV. Abkommen zwischen dem Deutschen Reiche und den Vereinigten Staaten von Nord-Amerika, betr. den gegenseitigen gewerblichen Rechtsschutz vom 23. Febr. 1909 (s. Anhang S. 149). Regelt den Ausführungszwang.

7. Gibt der Schutzberechtigte seinen Wohnsitz, seine Niederlassung im Inlande auf, entfallen für seine Person die Voraussetzungen des Unionsschutzes oder überträgt er sein Recht an eine nichtschutzberechtigte Persönlichkeit, so wird das Gebrauchsmuster rechtsunwirksam. (Robolski, Kommentar zu § 13).

8. Wird das Gebrauchsmuster von mehreren angemeldet, resp. ist es auf mehrere eingetragen, dann greift die Vorschrift dieses Paragraphen schon dann ein, wenn nur in einer Person nicht oder nicht mehr die Voraussetzungen desselben gegeben sind.

9. Hat das PatA. zu Unrecht die Voraussetzungen des § 13 Abs. 1 als vorhanden angenommen — eine materielle Prüfung nimmt es nicht vor — oder fallen sie später weg, so verbleibt es bei der Eintragung des Gebrauchsmusters. Keine Löschungsklage! Das Recht „ruht". Durch Einrede oder Feststellungsklage, falls diese zulässig ist (§ 256 ZPO.), kann die Wirkungslosigkeit der Eintragung — inter partes! — dargetan werden (Seligsohn § 13 N. 2). Die Uebertragung des „ruhenden" Gebrauchsmusters ist möglich; in der Person

eines schutzberechtigten Inhabers wird das Recht dann wieder wirksam.

Der Inhaber des „ruhenden" Schutzrechtes ist zu Verletzungsklagen usw. nicht aktiv legitimiert, wohl aber passiv legitimiert für die Löschungs- oder Abhängigkeitsklage. Aus Verträgen, die das Gebrauchsmuster betreffen, kann er klagen.

Abs. 2.

10. Der Vertreterzwang ist nach den Motiven zur Erleichterung des geschäftlichen Verkehrs zwischen dem Gebrauchsmusterinhaber einerseits und PatA. und Interessenten andererseits eingeführt worden, ein Argument, das im Zeitalter des Verkehrs, der drahtlosen Telegraphie usw. kaum stichhaltig erscheint. Trotzdem verlangt auch Seligsohn N. 2 zu § 12 u. a. aus diesem Grunde, daß der Vertreterzwang auch auf die in den deutschen Schutzgebieten und Konsulargerichtsbezirken niedergelassenen Personen Anwendung finde. Diese Ansicht ist m. E. unzutreffend. Abgesehen von dem Argument Isay's (N. 1 zu § 13), daß, wenn die räumliche Entfernung vom Sitze des PatA. maßgebend sei, der — im PatG. gleich geregelte — Vertreterzwang auch für den Einsprechenden, den Nichtigkeitskläger bestehen müßte, kommt folgendes in Betracht. M. E. sind die Vorschriften des § 13 Abs. 2 GebrMG. und § 12 Abs. 1 PatG. (s. auch § 23 WZG.) als Folgen des diese Gesetze beherrschenden Territorialitätsprinzips anzusehen. Der Staat, der die Wirkungen dieser Schutzrechte auf sein Gebiet beschränkt, verlangt auch aus praktischen Erwägungen eine gewisse Lokalisierung derselben. An die Erfüllung des Postulates der Bestellung eines Inlandsvertreters für die im Auslande wohnenden Schutzinhaber knüpft er daher die Rechtsfolge, daß der Sitz des Schutzrechtes, eines Vermögensrechtes, als im Inland befindlich zu erachten ist. (Vgl. Wertheimer, Internationaler Erfinderschutz, Jahrbuch für den internationalen Rechtsverkehr 1912/13 S. 342 ff.

11. Einen Vertreter bestellen muß jeder — auch der deutsche — Anmelder, resp. — bei eintretenden Aenderungen — jeder Schutzinhaber, der nicht im Inland wohnt oder daselbst eine Niederlassung hat, aber infolge Staatsvertrages oder gesetzlich verbürgter und im Reichsgesetzblatt bekannt gemachter

Gegenseitigkeit schutzberechtigt ist (s. Exkurs I S. 122). Im Gegensatz zu §§ 12 PatG. und § 23 WZG. beläßt § 13 GebrMG. dem Mustererfinder das Recht, ein Gebrauchsmuster selbst anzumelden und verlangt nur, daß gleichzeitig ein Vertreter bestellt wird.

Ein Vertreter muß aber während der ganzen Schutzdauer bestellt sein. — Wenn auch im § 13 Abs. 2 GebrMG. nicht ausdrücklich die Möglichkeit der Geltendmachung der Rechte aus dem Gebrauchsmuster von dem Vorhandensein eines Vertreters (wie im § 12 PatG.) abhängig gemacht wird, so muß doch angenommen werden, daß bei dem Wegfall des Vertreters die Rechte aus dem Gebrauchsmuster bis zur Bestellung eines neuen Vertreters nicht geltend gemacht werden können.

12. Der Vertreter muß eine ständig im Inland wohnende oder niedergelassene, geschäfts- und prozeßfähige physische Person sein, die nicht vom Vertretergeschäft vor dem PatA. ausgeschlossen ist. (§ 17 Patentanwalts-Gesetz vom 21. Mai 1900).

13. Der Vertreter ist nur ein gesetzlicher Bevollmächtigter, kein gesetzlicher Vertreter (s. Wertheimer in LZ. 1908, 286; RG. vom 17. Novbr. 1903 PMZBl. 10 [1904] 369). Dem Schutzinhaber können Klagen auch persönlich zugestellt werden.

14. Die Bestellung des Vertreters erfolgt formlos, ist aber dem PatA. durch schriftliche Vollmacht nachzuweisen (vgl. AusfVO. vom 11. Juli 1891 §§ 28 und 22 [s. Anhang S. 130, 131] sowie Vollmachtsformular Anhang S. 142). Dieselbe muß auf den bürgerlichen Namen des Vertreters lauten. Den Vollmachten in fremden Sprachen müssen, ausgenommen Vollmachten in englischer und französischer Sprache, Uebersetzungen beigefügt werden.

Beglaubigung der Unterschrift ist nicht erforderlich. Auch die außerhalb Preußens ausgestellte Vollmacht wird, spätestens mit der Einreichung bei dem PatA., nach dem preußischen StempelsteuerG. vom 31. Juli 1895 (Tarifstelle 73) stempelpflichtig, regelmäßig mit 1.50 Mk. („Wert unschätzbar", s. RGZ. 64, 346). Rechts- und Patentanwälte können die Stempelmarke selbst entwerten.

In der Vollmacht kann der gesetzliche Wirkungskreis des Vertreters wohl erweitert, aber nicht beschränkt werden. Wird mehreren Personen Vollmacht erteilt, so gilt jede einzelne für sich als bevollmächtigt; eine abweichende Bestimmung ist unzulässig (s. § 28 AusfVO.).

Auf Grund der Vollmacht erfolgt die Eintragung des Vertreters in die Gebrauchsmusterrolle.

15. Aenderungen in der Person des ersten Vertreters, d. h. jede spätere Vertreterbestellung ist in beweisender Form (s. N. 10 zu § 3) dem PatA. anzuzeigen (§ 22 AusfVO.). Bis zur Eintragung der Aenderung ist nur der frühere Vertreter zur Vertretung befugt.

16. Jeder ausländische schutzberechtigte Mitinhaber des Gebrauchsmusters muß einen Vertreter haben.

17. Vertretungsmacht des Vertreters.

a) gesetzliche.

1. Befugnis zur Vertretung des Schutzberechtigten in den das Gebrauchsmuster betreffenden Rechtsstreitigkeiten, z. B. Abwehr-, Schadensersatz-, Löschungsklagen, Klagen auf Uebertragung des Schutzrechtes wegen widerrechtlicher Entnahme.

   Zur Legitimation dient dem Vertreter ein Auszug aus der Gebrauchsmusterrolle. — Der Prüfung der gesetzlichen Vertretung des Schutzinhabers gemäß § 51 ZPO. bedarf es nicht, wenn ein Vertreter bestellt ist und dieser klagt oder diesem die Klage zugestellt wird. (RG. vom 14. Novbr. 1898 PMZBl. 5 [1899] 30; RGZ. 42, 93; JW. 1899, 11). — Da der Vertreter nicht Partei ist, so ist die Frage, ob Ausländersicherheit (§§ 110 ff. StPO.) zu leisten ist, allein nach der Staatsangehörigkeit des Schutzberechtigten zu entscheiden. — Bei Zwangsvollstreckungshandlungen, die sich gegen das Gebrauchsmuster als Vermögensrecht richten, repräsentiert der Vertreter den Schutzinhaber nicht; Zustellungen von Pfändungsbeschlüssen usw. müssen an diesen erfolgen. (Wertheimer in LZ. 1908, 279).

2. Befugnis zur Stellung von Strafanträgen und — nach einheitlicher Praxis — zum Beitritt als Nebenkläger im Strafverfahren. Danach wird man den Vertreter auch für befugt halten müssen gemäß § 170 StPO. Beschwerde zu erheben und Antrag auf gerichtliche Entscheidung zu stellen.

Da der Inlands-Vertreter nicht „gesetzlicher Vertreter" ist, so läuft die Frist zur Stellung des Strafantrages erst von dem Zeitpunkte an, in welchem der Schutzberechtigte von der strafbaren Handlung Kenntnis erhält. (RG. vom 24. März 1882 RGSt. 6, 119; RG. vom 17. Novbr. 1903 RGSt. 36, 413; PMZBl. 10 [1904] 368).

3. Befugnis zur Vertretung des Schutzinhabers vor dem PatA. in allen vor dieses gehörigen, das Gebrauchsmuster betreffenden Angelegenheiten. § 13 GebrMG. enthält zwar keine diesbezügliche Vorschrift, diese Ermächtigung des Vertreters wird aber allgemein als „selbstverständlich" angenommen. (Cantor S. 1178; Seligsohn § 13 N. 6).

Zum Verzicht auf das Gebrauchsmuster ist der Vertreter nicht ohne weiteres befugt.

b) fakultative.

Jede Art von Erweiterung der Befugnisse ist möglich, wie auch eine Einschränkung der gesetzlichen Vertretungsmacht in folgenden Fällen:

1. in der Vertretung von Rechtsstreitigkeiten: Klagen auf Abtretung des Schutzrechtes auf Grund eines Vertrages, Klagen auf Grund eines Lizenzvertrages. (Cantor S. 1180).
2. in der Vertretung vor dem PatA.: Empfangnahme zurückzuerstattender Gebühren, Urkunden, Zeichnungen, Modelle u. dgl. Rücknahme der Anmeldung, Antrag auf Löschung des Schutzrechtes, auf Schutzfristverlängerung. Hinsichtlich letzterer a. A. Cantor S. 1179.

18. Die Nichtbestellung eines Vertreters, nicht aber die Klagerhebung ohne seine Mitwirkung ist ein von Gericht zu beachtender Mangel einer Prozeßvoraussetzung; daher kann kein Versäumnisurteil erlassen werden, falls in der Klageschrift nicht die Bestellung eines Vertreters behauptet ist. A. A. Isay, PatG. § 12 N. 3; Cantor S. 1181, die § 274 Ziff. 7 ZPO. analog anwenden wollen.

Wie soll dies aber im Versäumnisverfahren geschehen, wo doch der Beklagte nicht vertreten ist, also die Einrede nicht geltend machen kann? Ueberdies kann der Katalog prozeßhindernder Einreden nicht analog erweitert werden.

Der Vertreter hat keine den Gebrauchsmusterinhaber ausschließende Befugnisse (anders § 23 WZG.); dieser kann, vorausgesetzt, daß er den Vertreter ordnungsmäßig bestellt hat, alles das selbst tun, wozu § 13 GebrMG. den Vertreter ermächtigt, natürlich auch Dritten Auftrag und Vollmacht dazu erteilen. (RG. vom 14. Novbr. 1898 PMZBl. 5 [1899] 30; RGZ. 42, 92; JW. 1899, 11; RG. vom 19. Juni 1899 PMZBl. 5 [1899] 239).

19. Erlöschen der Vertretungsmacht:

1. Widerruf der Vollmacht seitens des Inhabers.
2. Niederlegung der Vertretung seitens des Vertreters (die aus dem Auftragsverhältnis sich ergebenden Rechte bleiben unberührt).
3. Uebergang des Gebrauchsmusters auf eine andere Person.
4. Ablauf der etwa bestimmten Zeitdauer der Vertretungsmacht.
5. Verlust der Prozeß- oder Geschäftsfähigkeit des Vertreters.
6. Aufgabe des Inlandswohnsitzes oder der -Niederlassung seitens des Vertreters.

Das Erlöschen der Vertretungsmacht wird auf formfreie Anzeige in die Gebrauchsmuster-Rolle eingetragen.

Der Tod des Schutzinhabers sowie der Verlust der Geschäftsfähigkeit in dessen Person ist für die Vollmacht und den derselben meist zugrunde liegenden Auftrag oder Dienstvertrag des Vertreters ohne Einfluß.

20. Gerichtsstand. § 24 ist jetzt § 23 ZPO. Sowohl die auf das Schutzrecht bezüglichen Klagen, wie auch überhaupt jede vermögensrechtliche Klage kann am Vertretersitz resp. in Berlin erhoben werden. (Vgl. auch §§ 717, 828, 797 ZPO., § 2369 BGB., §§ 72, 73 Reichsgesetz über die freiwillige Gerichtsbarkeit).

Exkurs I.

Gesetz zur Ausführung der revidierten Pariser Uebereinkunft vom 2. Juni 1911 zum Schutze des gewerblichen Eigentums.

I. In dem in N. 1 zitierten Aufsatze hatte Wertheimer vorgeschlagen, anläßlich der Aenderungen, welche durch die

Neufassung des Unionsvertrages in Washington in der deutschen Gesetzgebung nötig wurden, auch § 13 GebrMG. (ebenso wie die die gleiche Bestimmung enthaltenden §§ 23 WZG. und 28 UnlWG.) dahin zu ändern, daß der Reichsangehörige in keinem Fall schlechter gestellt sein solle als ein Unionsangehöriger. Der im Reichsanzeiger vom 19. Juli 1912 publizierte Entwurf eines Gesetzes zur Ausführung der revidierten Pariser Uebereinkunft vom 2. Juni 1911 zum Schutze des gewerblichen Eigentums bestimmt denn auch in seinem Art. I allgemein, daß die Vorschriften des § 13 Abs. 1 GebrMG., § 23 Abs. 1 WZG. und § 28 UnlWG. auf Reichsangehörige keine Anwendung finden sollen.

Bei der Zweckmäßigkeit, ja Notwendigkeit dieser Gesetzesänderung kann es keinem Zweifel unterliegen, daß sie auch, und dann zwar vom 1. Mai 1913 ab Gesetzeskraft erlangen wird. Die Ausführungen in N. 1 erleiden dann entsprechende Aenderungen. Am Vertreterzwang wird nichts geändert.

Exkurs II.

Das Prioritätsrecht vom 1. Mai 1913 ab.

Mit dem Inkrafttreten der Washingtoner Fassung des Unionsvertrages (1. Mai 1913) wird auch das Prioritätsrecht einige Aenderungen erfahren. Zunächst wird der Rechtsnachfolger des Anmelders berechtigt sein, dasselbe geltend zu machen. Die Dauer der Prioritätsfrist für Gebrauchsmuster wird die gleiche wie die der Patente sein, nämlich ein Jahr. Doch gilt diese Frist nicht für solche Fälle, in denen ein deutsches Gebrauchsmuster in anderen Ländern nicht als Patent, sondern als Muster angemeldet wird, wie dies z. B. in England möglich ist. In diesem Falle beträgt die Prioritätsfrist, wie auch sonst bei Mustern, nur 4 Monate.

Für alle Länder wird obligatorisch sein, daß das Prioritätsrecht unter Angabe von Zeit und Land der Stammanmeldung bis zu einem von jedem Lande festzusetzenden Zeitpunkte anzumelden ist.

Die näheren Bestimmungen über die Geltendmachung des Prioritätsrechtes sollen von jedem einzelnen Lande erlassen werden. Der oben erwähnte Entwurf eines Gesetzes zur Ausführung der Pariser Uebereinkunft vom 2. Juni 1911 zum Schutze des gewerblichen Eigentums bestimmt im Art. 2, daß der Reichskanzler anzuordnen hat, bis wann für die Anmeldung eines Patentes, eines Gebrauchsmusters usw. die im Art. 4 Abs. d der revidierten Pariser Uebereinkunft vom 2. Juni 1911 zum Schutze des gewerblichen Eigentums vorausgesetzte Prioritätserklärung über Zeit und Land der Voranmeldung angegeben und ob gleichzeitig die dortbezeichneten Beweisurkunden beigebracht werden müssen. Wird die Erklärung oder die Beweisurkunde nicht rechtzeitig eingereicht, so soll der Prioritätsanspruch für die Anmeldung verwirkt sein.

§ 14.

Die zur Ausführung dieses Gesetzes erforderlichen Bestimmungen über die Einrichtung und den Geschäftsgang des Patentamts werden durch Kaiserliche Verordnung unter Zustimmung des Bundesrats getroffen.

S. VO. vom 1. Juni 1891 (RGBl. S. 349) Anhang S. 125.

§ 15.

Dieses Gesetz tritt mit dem 1. Oktober 1891 in Kraft.

Urkundlich unter Unserer Höchsteigenhändigen Unterschrift und beigedrucktem Kaiserlichen Insiegel.

Gegeben an Bord Meines Aviso „Greif" den 1. Juni 1891.

(L. S.) **Wilhelm.**

von Boetticher.

Anhang.

I.

Kaiserliche Verordnung zur Ausführung des Patentgesetzes vom 7. April 1891 und des Gesetzes, betreffend den Schutz von Gebrauchsmustern, vom 1. Juni 1891.

Vom 11. Juni 1891.

I. Patentangelegenheiten.

§ 1. Im Patentamt werden für die Patentanmeldungen zehn Abteilungen[1]) gebildet, welche die Bezeichnung Anmeldeabteilung führen und durch den Zusatz I bis X unterschieden werden.

Der Reichskanzler bestimmt, für welche Gebiete der Technik eine jede der Abteilungen zuständig ist.

Zu dem Geschäftskreis der Anmeldeabteilungen gehören auch die Beschlüsse über Eintragungen und Löschungen in der Patentrolle (§ 19 des Patentgesetzes) für das einer jeden Abteilung zugewiesene Gebiet der Technik.

§ 2. Für Beschwerden gegen die Beschlüsse der Anmeldeabteilungen und der Nichtigkeitsabteilung (§§ 16, 26 des Patentgesetzes) werden zwei Abteilungen gebildet, welche die Bezeichnung Beschwerdeabteilung führen und durch den Zusatz I und II unterschieden werden.

---

[1]) Ursprünglich vier; durch spätere Verordnungen wurden die Abteilungen V—X gebildet.

Die Beschwerdeabteilung I ist zuständig für Beschwerden gegen Beschlüsse der Anmeldeabteilungen I, II, VII bis IX, sowie für Beschwerden gegen Beschlüsse der Nichtigkeitsabteilung. Die Beschwerdeabteilung II ist zuständig für Beschwerden gegen Beschlüsse der Anmeldeabteilungen III bis VI und X.

Die Beschwerdeabteilungen sind außerdem, und zwar jede innerhalb des durch Absatz 2 festgesetzten Geschäftskreises, zuständig für die vom Patentamt abzugebenden Gutachten.

§ 3. Meinungsverschiedenheiten zwischen mehreren Abteilungen über die Zuständigkeit werden vom Präsidenten entschieden.

Für Anträge oder Gesuche, welche andere, als die in den §§ 1 und 2 bezeichneten Angelegenheiten betreffen, wird die Zuständigkeit von dem Präsidenten bestimmt.

§ 4. Die Geschäftsleitung in den Anmeldeabteilungen steht dem zum Vorsitze berufenen rechtskundigen oder technischen Mitgliede, die Geschäftsleitung in den Beschwerdeabteilungen und in der Nichtigkeitsabteilung dem Präsidenten zu. Über die Vertretung des Präsidenten im Vorsitz trifft der Reichskanzler Bestimmung.

§ 5. Die Zuweisung der Mitglieder an die Abteilungen erfolgt durch den Reichskanzler.

Im Falle des Todes, der Erkrankung oder der längeren Abwesenheit eines Mitgliedes können in die davon betroffene Abteilung, solange das Bedürfnis dieses erfordert, durch den Präsidenten Mitglieder anderer Abteilungen zur Aushilfe berufen werden.

§ 6. In den Abteilungen trifft der Vorsitzende die für den Fortgang der Sachen erforderlichen Verfügungen.

In den Anmeldeabteilungen bezeichnet er für jede Klasse der Anmeldungen im voraus das Mitglied, welchem die Vorprüfung (§ 21 des Patentgesetzes) obliegt, sowie einen weiteren Berichterstatter für das Verfahren nach Erlaß des Vorbescheides.

In den Beschwerdeabteilungen und in der Nichtigkeitsabteilung bezeichnet der Präsident für jede Klasse im voraus zwei Berichterstatter.

An Stelle der hiernach berufenen Mitglieder können für den einzelnen Fall andere Berichterstatter bezeichnet werden.

Die Berichterstatter halten den mündlichen Vortrag in der Sitzung und entwerfen alle Beschlüsse und Entscheidungen. Der Vorsitzende prüft die Entwürfe und stellt sie fest. Über sachliche Meinungsverschiedenheiten beschließt die Abteilung.

§ 7. In den Anmeldeabteilungen bedarf es der Beratung und Abstimmung in einer Sitzung für Beschlüsse über die Bekanntmachung der Anmeldung, sowie für Beschlüsse, durch welche die Anmeldung oder ein Einspruch ganz oder teilweise zurückgewiesen wird.

Für die Beschlüsse der Beschwerdeabteilungen, durch welche eine auf Grund des § 16 des Patentgesetzes erhobene Beschwerde erledigt wird, sowie für die nach §§ 26, 29 und 30 des Patentgesetzes ergehenden Entscheidungen der Beschwerdeabteilungen und der Nichtigkeitsabteilung bedarf es der Beratung und Abstimmung in einer Sitzung. An den Entscheidungen nehmen außer dem Präsidenten und dem weiteren rechtskundigen Mitgliede die beiden für die Sache bestellten Berichterstatter und ein drittes von dem Präsidenten vorher bestimmtes technisches Mitglied teil. Soweit über Beschwerden auf Grund des § 26 des Patentgesetzes zu entscheiden ist, kann die Vertretung des Präsidenten im Vorsitz auch einem technischen Mitglied übertragen werden; in diesem Falle nehmen an der Entscheidung außer dem Vorsitzenden und den beiden Berichterstattern zwei rechtskundige Mitglieder teil.

§ 8. Bei den Abstimmungen entscheidet die absolute Mehrheit der Stimmen, bei Stimmengleichheit die Stimme des Vorsitzenden.

Ist eine Anhörung der Beteiligten (Patentgesetz § 25, § 26 Absatz 3, § 30 Absatz 2) vorhergegangen, so kann ein Mitglied, welches hierbei nicht zugegen gewesen ist, an der Abstimmung nicht teilnehmen.

§ 9. Dem Präsidenten liegt es ob, auf eine gleichmäßige Behandlung der Geschäfte und auf die Beobachtung gleicher Grundsätze hinzuwirken. Zu diesem Behufe ist er befugt, den Beratungen aller Abteilungen beizuwohnen, auch sämtliche Mitglieder zu Plenarversammlungen zu vereinigen und die Beratung des Plenums über die von ihm vorgelegten Fragen herbeizuführen.

§ 10. Die Sitzungen der Abteilungen finden der Regel nach an bestimmten Tagen und zu bestimmten Stunden statt. Die Verfügung darüber steht dem Präsidenten zu.

§ 11. Die Ausfertigungen der Beschlüsse und Entscheidungen der Abteilungen erhalten die Unterschrift: Kaiserliches Patentamt und zusätzlich die vorschriftsmäßige Bezeichnung der Abteilung.

§ 12. Für das Zustellungswesen gelten folgende Vorschriften:

1. Zustellungen, welche den Lauf der im § 26 Absatz 1 des Patentgesetzes bezeichneten Frist bedingen, sowie Zustellungen in dem Verfahren vor der Nichtigkeitsabteilung erfolgen durch die Post. Auf diese Zustellungen finden die Vorschriften der Zivilprozeßordnung mit nachstehenden Maßgaben Anwendung.

Der vom Präsidenten bestimmte Beamte trägt für die Bewirkung der Zustellung Sorge und beglaubigt die zu übergebenden Abschriften. Er übergibt die Schriftstücke in einem verschlossenen, mit der Adresse der Person, an welche zugestellt werden soll, sowie mit der Geschäftsnummer versehenen Briefumschlag der Post zur Zustellung. Auf den Briefumschlag wird der Vermerk gesetzt: „Vereinfachte Zustellung". Eine Bescheinigung der Übergabe an die Post (Zivilprozeßordnung §§ 194, 196) ist nicht erforderlich.

Die von dem Postboten aufzunehmende Zustellungsurkunde muß die Adresse und die Geschäftsnummer des Briefes, den Ort und die Zeit der Zustellung, sowie die Person, welcher zugestellt ist, und wenn die Zustellung nicht an den Adressaten persönlich erfolgt ist, den Grund hiervon angeben. Die Urkunde ist von dem Postboten zu unterschreiben. Abschrift der Zustellungsurkunde wird nicht übergeben. Der Tag der Zustellung ist von dem Postboten auf dem Briefumschlag zu vermerken.

2. Zustellungen, welche den Lauf sonstiger Fristen bedingen, erfolgen mittels eingeschriebenen Briefes.

Kann in den Fällen der Nr. 1 und 2 eine Zustellung im Inlande nicht erfolgen, so wird sie durch Aufgabe zur Post nach Maßgabe der §§ 175, 192 der Zivilprozeßordnung bewirkt.

§ 13. Zeugen und Sachverständige erhalten Gebühren nach Maßgabe der Gebührenordnung vom 30. Juni 1878 (Reichs-Gesetzbl. S. 173).

§ 14. Zu den Kosten des Verfahrens, über welche das Patentamt nach § 26 Absatz 5 und § 31 des Patentgesetzes zu bestimmen hat, gehören außer den aus der Kasse des Patentamts bestrittenen Auslagen diejenigen den Beteiligten erwachsenen Kosten, welche nach freiem Ermessen des Patentamts zur zweckentsprechenden Wahrung der Ansprüche und Rechte notwendig waren.

§ 15. Ist eine Patentgebühr (§ 8 Absatz 2 des Patentgesetzes) nicht innerhalb sechs Wochen nach der Fälligkeit entrichtet, so benachrichtigt das Patentamt hiervon den Patentinhaber.

Aus dem Umstande, daß der Patentinhaber eine Benachrichtigung nicht erhält, erwachsen Rechtsfolgen nicht.

§ 16. Die Orte außerhalb Berlins, an welchen eine Auslegung der Patentanmeldungen erfolgen soll, sowie die Art und Zeitdauer dieser Auslegung werden vom Reichskanzler bezeichnet. Wenn eine Auslegung an diesen Orten unterbleibt, so wird dadurch ein Mangel des Verfahrens nicht begründet.

§ 17. Der Präsident verfügt im Einvernehmen mit der für die Anmeldung zuständigen Abteilung über Modelle und Proben, deren Rückgabe nicht binnen sechs Monaten nach endgültiger Abweisung der Anmeldung oder nach der Bekanntmachung von der Erteilung des Patents (§ 27 Absatz 1 des Patentgesetzes) beantragt ist.

§ 18. Soweit für Patentangelegenheiten aus der Zeit vor dem 1. Oktober 1891 Übergangsbestimmungen erforderlich sind, werden dieselben vom Reichskanzler erlassen.

II. Angelegenheiten des Gebrauchsmusterschutzes.

§ 19. Für Anträge in Sachen des Schutzes von Gebrauchsmustern wird in dem Patentamt eine besondere Anmeldestelle errichtet.

Die Leitung dieser Stelle liegt einem von dem Reichskanzler bezeichneten rechtskundigen Mitgliede ob.

Im Falle einer Verhinderung dieses Mitgliedes kann der Präsident einem anderen rechtskundigen Mitgliede die Vertretung übertragen.

§ 20. Die Verfügungen der Anmeldestelle erhalten die Unterschrift: Kaiserliches Patentamt, Anmeldestelle für Gebrauchsmuster.

§ 21. Über Vorstellungen gegen die Verfügung der Anmeldestelle befindet der Präsident.

§ 22. Änderungen in der Person des Eingetragenen oder des nach § 13 Absatz 2 des Gesetzes vom 1. Juni 1891 bestellten Vertreters, welche in der Rolle vermerkt werden sollen, sind in beweisender Form zur Kenntnis des Patentamts zu bringen.

§ 23. Nach der Eintragung in der Rolle erhält der Eingetragene eine Ausfertigung des Eintragsvermerks.

§ 24. Der Präsident verfügt über Modelle, deren Rückgabe nicht binnen vier Jahren nach Ablauf der Schutzfrist beantragt wird.[1])

III. Gemeinschaftliche Bestimmungen.

§ 25. Die Einrichtung der Bureaus, die Verwaltung der Kasse, der Bibliothek und der Sammlungen werden

---

[1]) Die Modelle werden jetzt 10 Jahre lang aufbewahrt, dann werden die nicht zurückverlangten Modelle vernichtet.

Es sei hiermit angeregt bei Modellen, die für die Entwicklung der Industrie wichtig oder aus irgend einem anderen Grunde interessant sind, einem technischen Museum, z. B. dem deutschen Museum in München, zu überweisen.

durch den Präsidenten geordnet. Der Präsident erläßt die erforderlichen Geschäftsanweisungen.

§ 26. Die Leitung und Beaufsichtigung des gesamten Geschäftsbetriebes steht dem Präsidenten zu. Er verfügt in allen Verwaltungsangelegenheiten.

§ 27. Sämtliche eingehende Geschäftssachen werden, ohne Rücksicht auf ihren verschiedenen Inhalt, nach der Zeit ihres Eingangs mit einer laufenden Nummer, als Geschäftsnummer, und mit dem Datum bezeichnet.

Geschäftssachen, welche während der Dienststunden eingehen, sind alsbald, andere Geschäftssachen bei dem Wiederbeginn der Dienststunden von dem dazu bestimmten Beamten hiernach zu bezeichnen. Wenn die Reihe des Eingangs nicht feststeht, so sind sie nach der Reihe, in welcher sie von dem Beamten übernommen werden, mit der Bezeichnung zu versehen.

Von zwei an demselben Tage an das Patentamt gelangten Geschäftssachen gilt diejenige als später eingegangen, welche die höhere Geschäftsnummer trägt.

§ 28. Vertreter in Patentangelegenheiten und in Angelegenheiten des Gebrauchsmusterschutzes haben dem Patentamt gegenüber ihre Bevollmächtigung durch eine Vollmacht nachzuweisen.

Die Vollmachten müssen auf prozeßfähige, mit ihrem bürgerlichen Namen bezeichnete Personen lauten.

Sind mehrere Personen bevollmächtigt, so gelten dieselben für befugt, sowohl gemeinschaftlich als auch einzeln die Vertretung wahrzunehmen. Eine abweichende Bestimmung dürfen die Vollmachten nicht enthalten. Die Vorschrift in Abs. 2 ist nicht maßgebend für die Rechtswirksamkeit solcher Erklärungen, die von nicht prozeßfähigen Personen für einen Anmelder abgegeben werden. Diese Erklärungen können durch nachträgliche Genehmigung des Anmelders mit rückwirkender Kraft Rechtswirksamkeit erlangen. (PatA. vom 25. November 1908, PMZBl. 15, 204).

§ 29. Das Patentamt kann nach seinem Ermessen von den bei ihm beruhenden Eingaben und Verhandlungen, soweit die Einsicht in dieselben gesetzlich nicht beschränkt ist, an jedermann Abschriften und Auszüge gegen Einzahlung der Kosten erteilen.

§ 30. Das Siegel des Patentamts enthält in der Mitte den Reichsadler und in der Umschrift die Worte „Kaiserliches Patentamt"

II.

Bestimmungen des Kaiserlichen Patentamtes über die Anmeldung von Gebrauchsmustern vom $\frac{\text{22. November 1898.}}{\text{3. Februar 1904.}}$

(PMZBl. 4 [1898] 228; 10 [1904] 39.)

§ 1. Die Anmeldung eines Modells behufs Eintragung in die Rolle für Gebrauchsmuster geschieht in der Form eines schriftlichen Gesuchs, dem die sonst erforderlichen Stücke als Anlagen beizufügen sind.

Für jedes Modell ist eine besondere Anmeldung erforderlich.

§ 2. Das Gesuch muß enthalten:

a) Die Angabe des Namens und des Wohnortes oder der Hauptniederlassung des Anmelders;

b) eine für die Eintragung und Veröffentlichung geeignete Bezeichnung;

c) die Angabe, welche neue Gestaltung oder Vorrichtung dem Arbeits- oder Gebrauchszweck dienen soll;

d) den Antrag, daß das Modell in die Rolle für Gebrauchsmuster eingetragen werde;

e) die Erklärung, daß die gesetzliche Gebühr von fünfzehn Mark an die Kasse des Kaiserlichen Patentamtes gezahlt worden sei oder gleichzeitig mit der Anmeldung gezahlt werde;

f) die Aufführung der Anlagen unter Angabe ihrer Nummer und ihres Inhalts;

g) falls der Anmelder einen Vertreter bestellt hat, die Angabe der Person, der Berufsstellung und des Wohnortes des Vertreters; als Anlage ist eine Vollmacht beizufügen (§ 28 der Kaiserlichen Verordnung vom 11. Juli 1891);

h) Die Unterschrift des Anmelders oder seines Vertreters.

§ 3. Erachtet der Anmelder eine Beschreibung des Modells für erforderlich, so ist sie entweder in das Gesuch aufzunehmen oder als Anlage beizufügen.

§ 4. Dem Gesuch ist eine Abbildung oder eine Nachbildung des Modells beizufügen.

a) Die Abbildung ist in zwei Ausfertigungen einzureichen.

Für die Abbildung ist ein weißes, starkes und glattes Zeichenpapier, sogenanntes Kartonpapier, oder Zeichenleinwand zu verwenden. Das Blatt der Abbildung auf Kartonpapier muß 33 cm hoch und 21 cm breit sein. Das Blatt der Abbildung auf Zeichenleinwand muß bei beliebiger Breite 33 cm hoch sein.

Die Figuren und Schriftzeichen sind in tiefschwarzen, kräftigen, scharf begrenzten Linien auszuführen.

b) Die Nachbildung braucht nur in einer Ausführung eingereicht zu werden.

Sie muß sauber und dauerhaft sein und darf in Höhe, Breite und Tiefe 50 cm nicht überschreiten.

Nachbildungen, die leicht beschädigt werden können, sind in festen Hüllen einzureichen. Gegenstände von kleinem Umfange sind auf steifem Papier zu befestigen.

§ 5. Die Anlagen des Gesuchs müssen mit einer ihre Zugehörigkeit zur Anmeldung kennzeichnenden Aufschrift versehen sein. Dasselbe gilt für die Nachbildungen.

Zu allen Schriftstücken ist dauerhaftes, nicht durchscheinendes, weißes Papier, zu Schriftstücken, die Anträge enthalten oder die Anmeldung selbst betreffen, Papier in der Seitengröße von 33 cm zu 21 cm zu verwenden.

Alle Schriftstücke müssen leicht lesbar sein. Die Schriftzüge müssen in dunkler Farbe ausgeführt sein.

Schriftstücke, die mittels der Schreibmaschine hergestellt sind, müssen deutliche Druckzeichen und zwischen den einzelnen Buchstaben, Worten und Zeilen einen angemessenen Zwischenraum aufweisen.

§ 6. Die die Anmeldung bildenden Schriftstücke müssen in doppelter Ausfertigung eingereicht werden. Auf den nachträglich eingereichten Anmeldestücken ist der Name des Anmelders und das Aktenzeichen anzugeben.

III.

Erläuterungen

zu den Bestimmungen rc. sub. II.

Bekanntmachung des Kaiserlichen Patentamtes vom 22. November 1898. / 3. Februar 1904.

(PMZBl. 4 [1898] 229; 10 [1904] 39.)

1. Gebühr.

Die Anmeldegebühr ist zweckmäßig entweder unmittelbar bei der Kasse des Kaiserlichen Patentamtes (Berlin NW. 6, Luisenstraße 32/34) einzuzahlen, oder unter genauer Angabe der Anmeldung, für die das Geld bestimmt ist, durch Postanweisung zu übersenden.

Die Beifügung baren Geldes als Anlage der Anmeldung ist nicht erwünscht. Wird das Geld gleichwohl beigefügt, so ist darüber in dem Gesuch ein deutlicher Vermerk in Rotschrift zu machen. Enthält eine Sendung das Geld für mehrere Anmeldungen, so ist ein besonderes Verzeichnis über die Zugehörigkeit des Geldes beizufügen.

Anmerkung. Eine Stundung oder ein Erlaß der Anmeldegebühr ist gesetzlich unzulässig. Dasselbe gilt hinsichtlich der Gebühr für die Verlängerung der Schutzfrist. (§ 8 Absatz 1 des Gesetzes.)

2. Gesuch.

a) Ein Antrag auf Aussetzung der Eintragung und Bekanntmachung wird entweder in einem besonderen Schriftstück einzureichen, oder, falls er mit dem Anmeldegesuch oder mit anderen Erklärungen verbunden wird, augenfällig, z. B. durch Unterstreichen oder in Rotschrift, hervorzuheben sein.

b) Der Antrag auf Aussetzung der Eintragung und Bekanntmachung ist zu begründen. Dem Antrag kann der Regel nach nur mit Rücksicht auf eine gleichzeitige Patentanmeldung im Inlande oder im Auslande entsprochen werden. Eine Aussetzung der Bekanntmachung ohne gleichzeitige Aussetzung der Eintragung ist nicht zulässig.

c) Die Aussetzung der Eintragung mit Rücksicht auf Anmeldungen im Auslande kann zunächst nur auf die Dauer von höchstens drei Monaten bewilligt werden. In besonderen Ausnahmefällen kann diese Frist auf sechs Monate erstreckt werden; in einem solchen Falle ist der Antrag nebst eingehender Begründung gegen Ende der ersten Frist vorzulegen.

d) Soll die Aussetzung der Eintragung mit Rücksicht auf eine gleichzeitig beim Kaiserlichen Patentamt eingereichte Patentanmeldung erfolgen, so hat der Anmelder anzugeben, ob

1. die Behandlung der Anmeldung nur in dem Falle erfolgen soll, daß die Patentanmeldung nicht zur Erteilung eines Patentes führt (Eventualanmeldung); in diesem Falle braucht die Gebühr erst nach der Erledigung der Patentanmeldung gezahlt zu werden; oder ob
2. die Eintragung bis zum Zeitpunkt der Bekanntmachung oder endgültigen Zurückweisung der Patentanmeldung vertagt werden soll.

e) Falls der Anmelder die Rechte aus einer früheren Anmeldung in einem Staate, mit dem das Deutsche Reich einen entsprechenden Vertrag geschlossen hat, geltend machen will, soll dieser Anspruch gleichfalls in das Gesuch aufgenommen werden.

f) Zur Angabe der Person des Anmelders gehört, daß jeder Zweifel darüber ausgeschlossen wird, ob das Gebrauchsmuster von Einzelpersonen oder von einer Gesellschaft oder von einem Manne oder von einer Frau, ob auf den bürgerlichen Namen oder auf die kaufmännische Firma nachgesucht wird. Bei Einzelpersonen ist der Rufname, bei Frauen außerdem der Familienstand und der Geburtsname anzugeben.

Die Angabe des Wohnorts muß bei größeren Städten auch Straße und Hausnummer, bei kleineren Orten und bei Orten, deren Name mehrfach vorkommt, sowie in der Regel bei ausländischen Orten den Staat und Bezirk enthalten. Dies gilt auch für den Fall, daß der Anmelder einen Vertreter bestellt hat.

g) Für den Fall der Vertretung ist zu beachten, daß nach § 28 der Kaiserlichen Verordnung vom 11. Juli 1891 die Vollmacht auf prozeßfähige, mit ihrem bürgerlichen Namen bezeichnete Personen, nicht auf eine Firma auszustellen ist.

Eine Beglaubigung der Unterschrift des Anmelders unter der Vollmacht ist nur auf besonderes Erfordern des Patentamtes beizubringen.

h) Falls mehrere Personen ohne Bestellung eines gemeinsamen Vertreters anmelden, soll diejenige Person namhaft gemacht werden, der die amtlichen Verfügungen zugesandt werden sollen.

3. Bezeichnung.[1]

Nach § 2 Abs. 2 des Gesetzes muß die Anmeldung die Bezeichnung angeben, unter der das Modell eingetragen werden soll. Die eingetragene Bezeichnung wird nach § 3 Abs. 3 des Gesetzes bekannt gemacht. Die Bezeichnung hat hiernach die Aufgabe, den beteiligten Kreisen von der Eintragung des Modells Kenntnis zu geben. Angaben ohne bestimmten technischen Inhalt (Phantasiewörter, Name des Erfinders, Vorzüge des Gegenstandes u. dgl.) sind unstatthaft.

---

[1]) S. hierzu: Mitteilung der Anmeldestelle für Gebrauchsmuster PMZBl. 10 (1904) 89.

4. Angabe des Neuen.

Nach § 2 Abs. 2 des Gesetzes muß die Anmeldung angeben, „welche neue Gestaltung oder Vorrichtung dem Arbeits- oder Gebrauchszweck dienen soll". Da diese Angabe für den Umfang des mit der Eintragung verbundenen Rechtsschutzes von Bedeutung ist, wird es sich, obwohl das Gesetz die Aufstellung eines Schutzanspruchs nicht vorschreibt, doch in vielen Fällen empfehlen, die den Rechtsschutz bestimmenden Merkmale des Modells in einen nach Art der Patentansprüche zu bildenden Schutzanspruch zusammenzufassen.

5. Nachbildung.

Die Nachbildung gehört zu den wesentlichen Bestandteilen der Anmeldung und kann, so lange die Eintragung nicht gelöscht ist, nicht zurückgezogen werden. Auch nach der Löschung wird sie regelmäßig noch während fernerer vier Jahre, d. h. bis zur mutmaßlichen Erledigung etwaiger Klagen wegen Verletzung des Schutzrechtes (§ 9 Abs. 2 des Gesetzes), zurückbehalten.

Dem Antrage auf Beglaubigung der Unterlagen einer Gebrauchsmusteranmeldung ist eine Nachbildung beizufügen, falls der Anmeldung eine Nachbildung beigegeben worden ist. Die Übereinstimmung einer Zeichnung mit der der Eintragung zugrunde liegenden Nachbildung kann nicht bescheinigt werden. War der Anmeldung außer der Nachbildung eine Zeichnung beigefügt, so muß zum Zweck der Beglaubigung neben der Nachbildung auch die Zeichnung vorgelegt werden.

6. Verschiedenes.

a) In allen Schriftstücken sind entbehrliche Fremdwörter zu vermeiden.

b) Schriftsätze, die mehrere Seiten umfassen, sind mit Seitenzahlen zu versehen. In allen Schriftsätzen ist an der linken Seite ein Raum von mindestens 5 cm für amtliche Vermerke frei zu lassen.

c) In allen Eingaben, zu denen Anlagen gehören, sind die Anlagen besonders aufzuzählen.

d) Die Sendungen an das Patentamt müssen kostenfrei eingehen. Bei Geld- und Paketsendungen ist die Bestellgebühr vom Absender im voraus zu entrichten.

e) Empfangsbescheinigungen werden in der Regel nur über Anmeldungen erteilt, und zwar nur in einer Ausfertigung. Die Erteilung der Bescheinigung erfolgt nur dann, wenn ein Schriftstück mit folgendem Wortlaut eingesandt wird:

„Ihre Gebrauchsmusteranmeldung vom .....

oder:

„Die Gebrauchsmusteranmeldung von ......
vom .....
auf .....
ist am .....
hier eingegangen und unter dem Aktenzeichen .....
in den Geschäftsgang gegeben worden."

Wird die Empfangsbescheinigung nicht auf der Rückseite einer Postkarte vorbereitet, so ist ein mit der Adresse des Empfängers versehener Briefumschlag beizufügen.

f) Über Gebührenbeträge, die mit der Post eingehen, wird nur auf besonderen Antrag des Einzahlers eine Quittung erteilt.

IV.

Beispiel einer Gebrauchsmuster-Anmeldung.

Frankfurt a. M., den 31. Oktober 1912.

An das Kaiserliche Patentamt,
Anmeldestelle für Gebrauchsmuster,
Berlin S.W. 61.

Hierdurch beantrage ich legitimiert durch Vollmacht in Anlage A für Herrn Ingenieur Albrecht Schulze zu Frankfurt a. M., Kaiserstraße 187 die Eintragung eines Modells in die Gebrauchsmusterrolle unter der Bezeichnung:

„Einrichtung zur Verhinderung des Steckenlassens des Linienwählerstöpsels bei Telephonanlagen".

Es sind beigefügt:

a) gleichlautende Ausfertigung dieses Antrages,
b) eine Beschreibung mit der als Schutzanspruch bezeichneten Angabe der neuen Anordnung, doppelt,
c) eine Abbildung des Musters in zwei Ausfertigungen auf Kartonpapier und auf Zeichenleinwand,
d) eine vorbereitete Empfangsbescheinigung mit frankiertem Briefumschlag.

Die gesetzliche Anmeldegebühr von Mk. 15.— wird gleichzeitig mit Postanweisung, porto- und bestellgeldfrei an die Kasse des Kaiserlichen Patentamtes eingezahlt.

Ergebenst
Dr. ing. Erich Müller,
Patentamt.

Beschreibung.

„Einrichtung zur Verhinderung des Steckenlassens des Linienwählerstöpsels bei Telephonanlagen".

Bei Telephonanlagen mit Linienwählern kommt es häufig vor, daß nach Beendigung des Gesprächs vergessen wird den Linienwählerstöpsel herauszuziehen und dadurch die Verbindung zu trennen. Infolgedessen entstehen bei der nächsten Benutzung durch andere Teilnehmer unbeabsichtigte Verbindungen und ein störendes Anrufen des am früheren Gespräche beteiligt gewesenen Teilnehmers.

Das vorliegende Modell beseitigt den Übelstand dadurch, daß mit dem Linienwählerstöpsel der Haken zum Anhängen oder Auflegen des Hörers fest verbunden ist, sodaß der Hörer nicht angehängt oder aufgelegt werden kann, bevor nicht der Stöpsel aus dem Linienwähler herausgezogen und an die Stelle gebracht ist, an der der Hörer aufgehängt oder aufgelegt werden soll.

Auf der Zeichnung[1]) ist eine Ausführungsform des Gebrauchsmusters bei einer Anlage dargestellt, bei der der Hörer auf zwei Gabeln e und f aufgelegt wird, die auf dem Induktorgehäuse g befestigt sind. Bei der vorliegenden Neuerung ist die Gabel f dadurch lösbar, daß sie mit einem

[1]) S. Anlage auf S. 141.

Vierkantloch h (Fig. 2) auf ein Vierkant i des Ständers k aufgesetzt ist. Sie ist mittels eines Ringes l mit dem Handgriff n des Stöpsels c fest verbunden. Die Art des Gebrauchs ist ohne weiteres ersichtlich. Zur Herstellung einer Verbindung wird die Gabel f samt dem Stöpsel von dem Ständer k abgenommen und der Stöpsel in den Linienwähler eingeführt. Nach beendetem Gespräche kann der Hörer erst wieder aufgelegt werden, nachdem der Stöpsel aus dem Linienwähler herausgezogen und mit der Gabel auf den Ständer k aufgesetzt ist.

In ähnlicher Weise läßt sich auch bei anderen gebräuchlichen Konstruktionen der Stöpsel mit der Vorrichtung zum Anhängen oder Auflegen des Hörers verbinden.

Schutzanspruch:

Einrichtung zur Verhinderung des Steckenlassens des Linienwählerstöpsels bei Telephonanlagen, dadurch gekennzeichnet, daß mit dem Linienwählerstöpsel die Vorrichtung zum Anhängen oder Auflegen des Hörers fest verbunden ist, sodaß der Hörer nicht angehängt oder aufgelegt werden kann, bevor der Stöpsel aus dem Linienwähler herausgezogen und an die Stelle gebracht worden ist, an der der Hörer aufgehängt oder aufgelegt werden soll.

Anlage
zu Anhang Nr. IV.

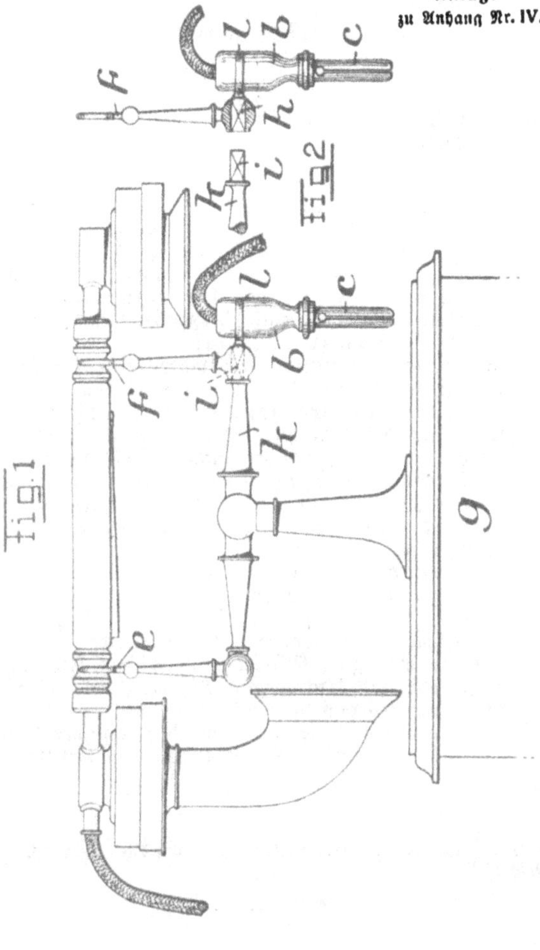

V.

Vertreter-Vollmacht.*)

Für das gemäß dem Gesetze, betreffend den Schutz von Gebrauchsmustern, stattfindende Verfahren vor dem Kaiserlichen Patentamte zu Berlin betreffend
bestellt unterzeichnete:

Herrn . . . . zu . . . . als Vertreter.

Der Vertreter soll befugt sein, in . . . . Namen:

1. die Gebrauchsmusteranmeldung und deren Unterlagen einzureichen, umzuändern, ganz oder teilweise zurückzuziehen, zu teilen und . . . . in den aus solcher Teilung sich ergebenden Gebrauchsmustersachen nach Maßgabe dieser Vollmacht ebenfalls zu vertreten;
2. Erklärungen schriftlich und mündlich abzugeben und zu widerrufen, Anträge schriftlich und mündlich zu stellen und zurückzuziehen, auch Vorstellungen bei dem Präsidenten des Kaiserlichen Patentamtes anzubringen und zurückzunehmen;
3. Verfügungen entgegenzunehmen, die Gebühr und die weitere Gebühr zu entrichten, zurückzuerstattende Gelder in Empfang zu nehmen und darüber zu quittieren;
4. über den Verbleib eingereichter Urkunden, Zeichnungen, Proben, Muster, Modelle und sonstiger Unterlagen zu verfügen, dieselben in Empfang zu nehmen und darüber zu quittieren;
5. auf den erlangten Gebrauchsmusterschutz Verzicht zu leisten und Antrag auf Löschung des eingetragenen Gebrauchsmusters zu stellen;
6. Unterbevollmächtigte mit allen oder einzelnen der unter 1—5 aufgeführten Befugnissen zu bestellen.

. . . . den . . ten . . .

. . . .

*) Entwurf des Vereins deutscher Patentanwälte. (PMZBl. 1 [1894/95] 302).

VI.

Übereinkommen zwischen dem Deutschen Reiche und Österreich, betreffend den gegenseitigen gewerblichen Rechtsschutz vom 17. November 1908.

(RGBl. 1908, 655).

Art. 1. Im gegenseitigen Verkehre zwischen dem Deutschen Reiche und Österreich, finden nach Beitritt Österreichs zur Internationalen Übereinkunft zum Schutze des gewerblichen Eigentums vom 20. März 1883 und der diese Übereinkunft ergänzenden oder abändernden Zusatzakte in bezug auf den gewerblichen Rechtsschutz neben den Bestimmungen dieser Übereinkunft nachstehende Bestimmungen Anwendung.

Art. 2. Die Einfuhr einer in den Gebieten eines der vertragschließenden Teile hergestellten Ware in die Gebiete des anderen Teiles soll in den letzteren den Verlust des für diese Ware erworbenen Schutzrechtes, auch soweit es ein Muster oder Modell betrifft, nicht zur Folge haben.

Art. 3. Öffentliche Wappen aus den Gebieten des einen vertragschließenden Teiles werden in den Gebieten des anderen Teiles nicht als Freizeichen angesehen werden. Dies gilt auch für solche Ausführungen der Wappen, welche Abweichungen von der amtlichen Ausführungsform aufweisen, sofern trotz dieser Abweichungen Verwechselungen im Verkehr zu erwarten sind.

Warenzeichen, welche solche Wappen als Bestandteile enthalten, sollen, sofern diese Wappen nachweisbar berechtigterweise von dem Anmelder in dem Warenzeichen geführt werden, in den Gebieten des anderen Teiles die Eintragung in die Zeichenrolle (das Markenregister) wegen Führung solcher Wappen nicht versagt werden können.

Außer demjenigen, welcher die Berechtigung zur Führung solcher Wappen besitzt, hat niemand Anspruch auf Schutz dieser zusammengesetzten Warenzeichen.

Diese Bestimmungen finden insbesondere auch auf das österreichische Erblandswappen Anwendung.

Warenzeichen, welche in den Gebieten eines der vertragschließenden Teile als Kennzeichen der Waren von Angehörigen eines bestimmten gewerblichen Verbandes, eines bestimmten Ortes oder Bezirkes Schutz genießen, sind, sofern die Anmeldung dieser Warenzeichen vor dem 1. Oktober 1875, in den Gebieten des anderen Teiles erfolgt ist, hier von der Benutzung als Freizeichen ausgeschlossen.

Außer den Angehörigen eines solchen Verbandes, Ortes oder Bezirkes hat niemand Anspruch auf Schutz dieser Warenzeichen.

Art. 4. Muster und Modelle, sowie Warenzeichen, für welche deutsche Angehörige in Österreich einen Schutz erlangen wollen, sind bei der Handels- und Gewerbekammer in Wien oder bei der künftig an deren Stelle tretenden Registrierungsbehörde anzumelden.

Art. 5. Jeder der vertragschließenden Teile wird, soweit dies noch nicht geschehen ist, Bestimmungen gegen den Verkauf und das Feilhalten solcher Waren treffen, welche zum Zwecke der Täuschung in Handel und Verkehr unbefugterweise mit öffentlichen Wappen aus den Gebieten des anderen vertragschließenden Teiles oder mit Namen bestimmter, in den Gebieten des anderen Teiles gelegenen Orte oder Bezirke behufs Bezeichnung des Ursprunges versehen sind.

Art. 6. Im Falle einer der vertragschließenden Teile aus dem Verbande der Internationalen Union zum Schutze des gewerblichen Eigentums austreten sollte, hat er über die erfolgte Kündigung dem anderen Teile sofort Mitteilung zu machen und gleichzeitig die Verhandlungen behufs Revision des gegenwärtigen Übereinkommens einzuleiten.

Sollten diese Verhandlungen bis zu dem Zeitpunkt, in welchem laut Artikel 18 der Internationalen Übereinkunft vom 20. März 1883 der Austritt wirksam wird, nicht zum Abschlusse gelangen, so haben bis zum Zustandekommen eines neuen Übereinkommens auch weiterhin die Bestimmungen jener Übereinkunft nebst den sie ergänzenden oder abändernden Zusatzakten im gegenseitigen Verkehre der vertragschließenden Teile in Anwendung zu bleiben.

Art. 7. Für die im Deutschen Reiche als Gebrauchsmuster, in Österreich hingegen als Erfindungen angemeldeten Gegenstände wird die im Artikel 4 der durch die Zusatzakte vom 14. Dezember 1900 abgeänderten Internationalen Übereinkunft vom 20. März 1883 gewährleistete Prioritätsfrist, wenn die Anmeldung zuerst im Deutschen Reiche erfolgte, auf vier Monate, wenn die Anmeldung zuerst in Österreich erfolgte, auf zwölf Monate bemessen.

Art. 8. Das gegenwärtige Übereinkommen tritt mit dem Zeitpunkt in Kraft, zu welchem der Beitritt Österreichs zu der Internationalen Union zum Schutze des gewerblichen Eigentums wirksam wird. Mit diesem Zeitpunkte treten vorbehaltlich der Bestimmung im Artikel 9 Abs. 1 des gegenwärtigen Übereinkommens die auf den gegenseitigen Patent-, Muster- und Markenschutz Bezug habenden bisherigen Vereinbarungen außer Kraft.

Dieses Übereinkommen bleibt bis zum Ablauf eines Jahres nach erfolgter Kündigung von seiten eines der vertragschließenden Teile in Kraft.

Art. 9. Diejenigen Erfindungen, Muster und Modelle, sowie Warenzeichen, welche vor dem Zeitpunkte des Inkrafttretens des gegenwärtigen Übereinkommens in den Gebieten des einen vertragschließenden Teiles angemeldet sind und innerhalb der Frist von drei Monaten nach diesem Zeitpunkt in den Gebieten des anderen Teiles angemeldet werden, genießen ein Vorrecht entweder nach Maßgabe der Artikel 3 und 4 des Übereinkommens vom 6. Dezember 1891 oder nach Maßgabe des Artikel 4 der durch die Zusatzakte vom 14. Dezember 1900 abgeänderten Internationalen Übereinkunft vom 20. März 1883, je nachdem die eine oder die andere Vereinbarung dem Anmelder günstiger ist.

Die Bestimmungen des Artikels 3 finden auch auf diejenigen Warenzeichen Anwendung, für welche im Zeitpunkte des Inkrafttretens des gegenwärtigen Übereineinkommens eine noch nicht endgültig erledigte Anmeldung zur Eintragung in die Zeichenrolle (das Markenregister) vorliegt.

Art. 10. Dieses Übereinkommen soll ratifiziert und die Ratifikationsurkunden sollen sobald als möglich in Berlin ausgewechselt werden.

Zu Urkund dessen usw.

VII.

Übereinkommen zwischen dem Deutschen Reiche und Ungarn, betreffend den gegenseitigen gewerblichen Rechtsschutz vom 17. November 1908.

(RGBl. 1908, 659).

Dieses Übereinkommen stimmt wörtlich mit dem unter VII mitgeteilten Übereinkommen überein.

VIII.

Das Schlußprotokoll zum Übereinkommen mit Ungarn vom 17. November 1908.

Bei der Unterzeichnung des Übereinkommens, betreffend den gewerblichen Rechtsschutz im gegenseitigen Verkehre zwischen dem Deutschen Reiche und Ungarn, ist Einverständnis über nachstehendes festgestellt worden:

Zu Artikel 3.

Zu Abs. 1 bis 4.

Durch die Bestimmungen des Artikel 3 werden die Vorschriften der inneren Gesetzgebungen über die mißbräuchliche Verwendung staatlicher Embleme zu Täuschungszwecken nicht berührt.

Zu Abs. 4.

Der besondere Schutz, welcher hier der ungarischen Sankt-Stephanskrone mit Rücksicht auf ihre charakteristische Ausgestaltung zugesichert wird, kann für sonstige Kronenbilder nicht beansprucht werden.

Eine Abbildung der ungarischen Sankt-Stephanskrone wird seitens der Königlich Ungarischen Regierung beim Kaiserlichen Deutschen Patentamt in Berlin niedergelegt.

IX.

Übereinkommen zwischen dem Deutschen Reiche und Italien über den gegenseitigen Patent-, Muster- und Markenschutz.

Vom 18. Januar 1892 (RGBl. 1892, 293).

Art. 1. . . . . . .

Art. 2. . . . . . .

Art. 3. . . . . . .

Art. 4. . . . . . .

Art. 5. Die Rechtsnachteile, welche nach den Gesetzen der vertragschließenden Teile eintreten, wenn eine Erfindung, ein Muster oder ein Modell nicht innerhalb einer bestimmten Frist ausgeführt oder nachgebildet wird, sollen auch dadurch ausgeschlossen werden, daß die Ausführung oder Nachbildung in dem Gebiete des anderen Teiles erfolgt.

Demgemäß soll auch die Einfuhr einer in den Gebieten des einen Teiles hergestellten Ware in die Gebiete des anderen Teiles in den letzteren den Verlust des auf Grund einer Erfindung, eines Musters oder eines Modells für die Ware gewährten Schutzrechtes nicht zur Folge haben.

Art. 6. . . . . . .

Art. 7. Handels- und Fabrikmarken, welche in dem Ursprungslande im freien Gebrauch stehen, können auch in den Gebieten des anderen Teiles nicht den Gegenstand ausschließlicher Benutzung bilden.

Art. 8. . . . . . .

X.

Abkommen zwischen dem Deutschen Reiche und Italien zur Abänderung des Übereinkommens vom 18. Januar 1892, betreffend den gegenseitigen Patent-, Muster- und Markenschutz.

Vom 4. Juni 1902 (RGBl. 1903, 178).

Art. 1. Die Artikel 1 bis 4, 6 und 8 des Übereinkommens über den gegenseitigen Patent-, Muster- und Markenschutz vom 18. Januar 1892 werden aufgehoben.

Art. 2. In Artikel 5 des Übereinkommens wird dem Abs. 1 folgender Satz hinzugefügt:

„Durch diese Bestimmungen werden die Vergünstigungen, welche dem Inhaber eines Patents in Artikel 2 der Zusatzakte vom 14. Dezember 1900 zur Internationalen Übereinkunft zum Schutze des gewerblichen Eigentums vom 20. März 1883 zugesichert sind, nicht berührt."

Art. 3. Für die in Deutschland als Gebrauchsmuster und in Italien als Erfindungen angemeldeten Gegenstände wird die durch Artikel 4 der Pariser Übereinkunft vom 20. März 1883 vorgesehene, durch die Brüsseler Zusatzakte vom 14. Dezember 1900 modifizierte Prioritätsfrist, wenn die Anmeldung zuerst in Deutschland bewirkt ist, auf 4 Monate, wenn die Anmeldung zuerst in Italien gemacht ist, auf 12 Monate bemessen.

Art. 4. Das vorliegende Abkommen tritt mit dem Zeitpunkt in Kraft, zu welchem der Beitritt des Deutschen Reichs zu der in Paris am 20. März 1883 geschlossenen

Internationalen Übereinkunft zum Schutze des gewerblichen Eigentums nebst der Brüsseler Zusatzakte vom 14. Dezember 1900 wirksam wird.

Art. 5. Diejenigen Erfindungen, Muster und Modelle, Fabrik- und Handelsmarken, welche vor dem in dem vorstehenden Artikel 4 bezeichneten Zeitpunkt angemeldet sind, genießen ein Vorrecht entweder nach Maßgabe der Artikel 3 und 4 des Übereinkommens vom 18. Januar 1892 oder nach Maßgabe des Artikels 4 der Pariser Übereinkunft, je nachdem das eine oder das andere dem Anmeldenden günstiger ist.

Das Übereinkommen soll ratifiziert und die Ratifikationen sobald als möglich in Rom ausgewechselt werden.

Zu Urkund dessen usw.

XI.

Abkommen zwischen dem Deutschen Reiche und den Vereinigten Staaten von Amerika, betreffend den gegenseitigen gewerblichen Rechtsschutz.

Vom 23. Februar 1909 (RGBl. 1909, 895).

Art. I. Die in den geltenden oder den künftigen Gesetzen des einen der vertragschließenden Teile enthaltenen Vorschriften, wonach im Falle der Nichtausführung eines Patents, Gebrauchsmusters, Musters oder Modells die Zurücknahme oder eine sonstige Beschränkung des Rechtes vorgesehen ist, sollen auf die den Angehörigen des anderen vertragschließenden Teiles gewährten Patente, Gebrauchsmuster, Muster oder Modelle nur in dem Umfange der von diesem Teile seinen eigenen Angehörigen auferlegten Beschränkungen Anwendung finden. Die Ausführung des Patents, Gebrauchsmusters, Musters oder Modells in dem Gebiete des einen vertragschließenden Teiles wird der Ausführung in dem Gebiete des anderen Teiles gleichgestellt.

Art. II. Das Abkommen tritt mit dem Tage seiner Verkündung in Kraft und bleibt bis zum Ablaufe von 12 Monaten nach erfolgter Kündigung von seiten eines der vertragschließenden Teile in Wirksamkeit.

Art. III. Das gegenwärtige Abkommen soll ratifiziert und die Ratifikationsurkunden sollen sobald als möglich in Washington ausgewechselt werden.

Zu Urkund dessen haben die beiderseitigen Bevollmächtigten das gegenwärtige Abkommen vollzogen und ihre Siegel beigedrückt.

So geschehen zu Washington in doppelter Ausfertigung in deutscher und englischer Sprache, den 23. Februar 1909.

XII.

Pariser Verbandsübereinkunft vom 20. März 1883 zum Schutze des gewerblichen Eigentums, revidiert in Brüssel am 14. Dezember 1900 und in Washington am 2. Juni 1911.

Art. 1. Die vertragschließenden Länder bilden einen Verband zum Schutze des gewerblichen Eigentums.

Art. 2. Die Untertanen der vertragschließenden Länder sollen in allen übrigen Ländern des Verbandes in betreff der Erfindungspatente, der Gebrauchsmuster, der gewerblichen Muster oder Modelle, der Fabrik- oder Handelsmarken, der Handelsnamen, der Herkunftsbezeichnungen und der Unterdrückung des unlauteren Wettbewerbes die Vorteile genießen, welche die betreffenden Gesetze den Staatsangehörigen gegenwärtig gewähren oder in Zukunft gewähren werden. Demgemäß sollen sie denselben Schutz wie diese und dieselbe Rechtshilfe gegen jeden Eingriff in ihre Rechte haben, vorbehaltlich der Erfüllung der Förmlichkeiten und Bedingungen, welche den Staatsangehörigen durch die innere Gesetzgebung auferlegt werden. Die Verpflichtung, einen Wohnsitz oder eine Niederlassung in dem Lande zu haben, wo der Schutz beansprucht wird, darf den Verbandsangehörigen nicht auferlegt werden.

Art. 3. Den Untertanen oder Bürgern der vertragschließenden Länder werden gleichgestellt die Untertanen oder Bürger der dem Verbande nicht beigetretenen Länder, welche auf dem Gebiete eines der Verbandsländer ihren Wohnsitz oder tatsächliche und wirkliche gewerbliche oder Handelsniederlassungen haben.

Art. 4. a) Derjenige, welcher in einem der vertragschließenden Länder ein Gesuch um ein Erfindungspatent, Gebrauchsmuster, ein gewerbliches Muster oder Modell, eine Fabrik- oder Handelsmarke vorschriftsmäßig hinterlegt, oder sein Rechtsnachfolger soll zum Zwecke der Hinterlegung in den anderen Ländern während der unten bestimmten Fristen und vorbehaltlich der Rechte Dritter ein Prioritätsrecht genießen.

b) Demgemäß soll die hiernächst in einem der übrigen Verbandsländer vor Ablauf dieser Fristen bewirkte Hinterlegung durch inzwischen eingetretene Tatsachen, wie namentlich durch eine andre Hinterlegung, durch die Veröffentlichung der Erfindung oder deren Ausübung, durch Feilbieten von Exemplaren des Musters oder Modells, durch die Anwendung der Marke nicht unwirksam gemacht werden können.

c) Die oben erwähnten Prioritätsfristen sollen zwölf Monate für Erfindungspatente und Gebrauchsmuster und vier Monate für gewerbliche Muster oder Modelle sowie für Fabrik- oder Handelsmarken betragen.

d) Wer die Priorität einer vorhergehenden Hinterlegung in Anspruch nehmen will, hat eine Erklärung über die Zeit und das Land dieser Hinterlegung abzugeben. Jedes Land bestimmt, bis wann die Erklärung spätestens abgegeben werden muß. Die Angaben sind in die von der zuständigen Behörde ausgehenden Veröffentlichungen, insbesondere in die Patenturkunden und die zugehörigen Beschreibungen aufzunehmen. Die vertragschließenden Länder können von demjenigen, welcher eine Prioritätserklärung abgibt, fordern, daß er die frühere Anmeldung (Beschreibung, Zeichnungen usw.) in

Abschrift vorlegt, die von der Behörde, welche die Anmeldung empfangen hat, als übereinstimmend bescheinigt ist. Diese Abschrift soll von jeder Legislatur befreit sein. Es kann gefordert werden, daß ihr eine von dieser Behörde ausgestellte Bescheinigung über die Zeit der Hinterlegung und eine Übersetzung beigefügt wird. Andere Förmlichkeiten für die Prioritätserklärung dürfen bei der Hinterlegung des Gesuchs nicht gefordert werden. Jedes vertragschließende Land wird die Folgen der Außerachtlassung der durch den gegenwärtigen Artikel vorgesehenen Förmlichkeiten bestimmen, jedoch dürfen diese Folgen über den Verlust des Prioritätsrechts nicht hinausgehen.

e) Später dürfen andere Nachweisungen gefordert werden.

Art. 4b. Die Patente, deren Erteilung in den verschiedenen vertragschließenden Ländern von den zur Wohltat der Übereinkunft nach Maßnahme der Artikel 2 und 3 verstatteten Personen beantragt wird, sollen von den für dieselbe Erfindung in anderen zum Verbande gehörigen oder nicht gehörenden Ländern erteilten Patenten unabhängig sein.

Diese Bestimmung ist ohne jede Einschränkung zu verstehen, insbesondere in dem Sinne, daß die während der Prioritätsfrist angemeldeten Patente sowohl hinsichtlich der Gründe der Nichtigkeit und des Verfalles als auch hinsichtlich der gesetzmäßigen Dauer unabhängig sind.

Sie findet auf alle zur Zeit ihres Inkrafttretens bestehenden Patente Anmeldung.

Für den Fall des Beitritts neuer Länder soll es mit den im Zeitpunkt des Beitritts auf beiden Seiten bestehenden Patenten ebenso gehalten werden.

Art. 5. Die durch den Patentinhaber bewirkte Einfuhr von Gegenständen, welche in einem oder dem anderen Verbandsland hergestellt sind, in das Land, in welchem das Patent erteilt worden ist, soll den Verfall des letzteren nicht zur Folge haben.

Gleichwohl soll der Patentinhaber verpflichtet bleiben, sein Patent nach Maßgabe der Gesetze des Landes, in welches er die patentierten Gegenstände einführt, auszuüben, jedoch mit der Einschränkung, daß der Verfall eines Patentes wegen Nichtausübung in einem Verbandsland erst nach Ablauf von drei Jahren seit der Hinterlegung des Gesuchs in dem Lande, um das es sich handelt, und nur dann ausgesprochen werden kann, wenn der Patentinhaber Gründe für seine Untätigkeit nicht dartut.

Art. 6. Jede im Ursprungslande vorschriftsmäßig hinterlegte Fabrik- oder Handelsmarke soll so wie sie ist in allen anderen Verbandsländern zur Hinterlegung zugelassen und geschützt werden.

Es können jedoch zurückgewiesen oder für ungültig erklärt werden:

1. Marken, die geeignet sind, Rechte zu verletzen, die von Dritten in dem Lande, wo der Schutz beansprucht wird, erworben sind.
2. Marken, die jeder Unterscheidungskraft oder ausschließlich aus Zeichen oder Angaben zusammengesetzt sind, die im Verkehre zur Bezeichnung der Art, der Beschaffenheit, der Menge, der Bestimmung, des Werts, des Ursprungsorts der Ware oder der Zeit der Erzeugung dienen können, oder die in der üblichen Sprache oder in den redlichen und ständigen Verkehrsgepflogenheiten des Landes, wo der Schutz beansprucht wird, gebräuchlich geworden sind.

   Bei der Würdigung der Unterscheidungskraft einer Marke sind alle Tatumstände zu berücksichtigen, insbesondere die Dauer des Gebrauchs der Marke.
3. Marken, die gegen die guten Sitten oder öffentliche Ordnung verstoßen.

Als Ursprungsland soll das Land angesehen werden, in welchem der Hinterlegende seine Hauptniederlassung hat.

Liegt die Hauptniederlassung nicht in einem der Verbandsländer, so soll als Ursprungsland dasjenige angesehen werden, welchem der Hinterlegende angehört.

Art. 7. Die Natur des Erzeugnisses, auf welchem die Fabrik- oder Handelsmarke angebracht werden soll, darf in keinem Falle die Hinterlegung der Marke hindern.

Art. 7a. Die vertragschließenden Länder verpflichten sich, Marken, die Verbänden gehören, deren Bestehen dem Gesetze des Ursprungslandes nicht zuwiderläuft, zur Hinterlegung und zum Schutze auch dann zuzulassen, wenn die Verbände eine gewerbliche oder Handelsniederlassung nicht besitzen.

Es steht jedoch jedem Lande zu, frei darüber zu bestimmen, unter welchen besonderen Bedingungen ein Verband zum Schutze seiner Marken zugelassen werden kann.

Art. 8. Der Handelsname soll in allen Verbandsländern, ohne Verpflichtung zur Hinterlegung, geschützt werden, gleichviel, ob er den Teil einer Fabrik- oder Handelsmarke bildet oder nicht.

Art. 9. Jedes widerrechtlich mit einer Fabrik- oder Handelsmarke oder mit einem Handelsnamen versehene Erzeugnis ist bei der Einfuhr in diejenigen Verbandsländer, in welchen diese Marke oder dieser Handelsname Recht auf gesetzlichen Schutz hat, zu beschlagnahmen.

In den Ländern, deren Gesetzgebung die Beschlagnahme bei der Einfuhr nicht zuläßt, ist diese Beschlagnahme durch das Verbot der Einfuhr zu ersetzen.

Die Beschlagnahme ist auch in dem Lande vorzunehmen, wo die widerrechtliche Anbringung stattgefunden hat, oder in dem Lande, wohin das Erzeugnis eingeführt worden ist.

Die Beschlagnahme erfolgt gemäß der inneren Gesetzgebung jedes Landes auf Antrag entweder der Staatsanwaltschaft oder einer zuständigen Behörde oder einer beteiligten Partei, sei diese eine Einzelperson oder eine Gesellschaft.

Die Behörden sollen nicht gehalten werden, die Beschlagnahme im Falle der Durchfuhr zu bewirken.

Gestattet die Gesetzgebung eines Landes weder die Beschlagnahme bei der Einfuhr, noch das Einfuhrverbot, noch die Beschlagnahme im Inland, so sind diese Maßnahmen durch diejenigen Klagen und Rechtsbehelfe zu ersetzen, die das Gesetz dieses Landes im gleichen Falle den Staatsangehörigen sichert.

Art. 10. Die Bestimmung des vorigen Artikels sollen auf jedes Erzeugnis anwendbar sein, welches als Bezeichnung der Herkunft fälschlich den Namen eines bestimmten Ortes trägt, wenn diese Bezeichnung einem gefundenen oder einem zum Zwecke der Täuschung entlehnten Handelsnamen beigefügt ist.

Als Beteiligter gilt jeder Produzent, Fabrikant oder Kaufmann, welcher die Produktion oder die Fabrikation des Erzeugnisses oder den Handel mit demselben betreibt und in dem fälschlich als Herkunft bezeichneten Orte oder in der Gegend, in der dieser Ort liegt, seine Niederlassung hat.

Art. 10 a. Alle vertragschließenden Länder verpflichten sich, den Angehörigen des Verbandes einen wirksamen Schutz gegen unlauteren Wettbewerb zu sichern.

Art. 11. Die vertragschließenden Länder werden patentfähigen Erfindungen, Gebrauchsmustern, den gewerblichen Mustern oder Modellen sowie den Fabrik- oder Handelsmarken für Erzeugnisse, welche auf den auf dem Gebiet eines von ihnen veranstalteten, amtlich anerkannten internationalen Ausstellung zur Schau gestellt werden, in Gemäßheit der Gesetzgebung jedes Landes einen zeitweiligen Schutz gewähren.

Art. 12. Jedes der vertragschließenden Länder verpflichtet sich, eine besondere Behörde für das gewerbliche Eigentum und eine Zentral-Hinterlegungsstelle zur Mitteilung der Erfindungspatente, der Gebrauchsmuster, der gewerblichen Muster oder Modelle und der Fabrik- oder Handelsmarken an das Publikum einzurichten.

Dieses Amt wird nach Möglichkeit eine amtliche Zeitschrift herausgeben.

Art. 13. Das unter dem Namen „Internationales Bureau zum Schutze des gewerblichen Eigentums" zu Bern errichtete internationale Amt ist der hohen Autorität der Regierung der Schweizerischen Eidgenossenschaft unterstellt, die seine Einrichtung regelt und seine Geschäftsführung überwacht.

Das internationale Bureau hat die auf den Schutz des gewerblichen Eigentums bezüglichen Mitteilungen aller Art zu sammeln und in einer allgemeinen Statistik zu vereinigen, welche an alle Regierungen zu verteilen ist. Es hat sich mit gemeinnützigen Studien, welche für den Verband von Interesse sind, zu beschäftigen und mit Hilfe des ihm von den verschiedenen Regierungen zur Verfügung gestellten Aktenmaterials ein periodisches Blatt in französischer Sprache zu redigieren, welches die den Gegenstand des Verbandes betreffenden Fragen behandelt.

Die Nummer dieses Blattes sowie alle von dem internationalen Bureau veröffentlichten Schriftstücke sind auf die Regierungen der Verbandsländer im Verhältnis der Zahl der unten erwähnten Beitragseinheiten zu verteilen. Die außerdem von den genannten Regierungen oder von Gesellschaften oder Privatpersonen etwa beanspruchten Exemplare und Schriftstücke sind besonders zu bezahlen.

Das internationale Bureau hat sich jederzeit zur Verfügung der Verbandsmitglieder zu halten, um ihnen über die auf die internationale Verwaltung des gewerblichen Eigentums bezüglichen Fragen die besonderen Mitteilungen zu machen, deren sie bedürfen könnten. Über seine Amtsführung hat es jährlich einen Bericht zu erstatten, welcher den Mitgliedern des Verbandes mitzuteilen ist.

Die Amtssprache des internationalen Bureaus soll die französische Sprache sein.

Die Ausgaben des internationalen Bureaus werden gemeinsam von den vertragschließenden Ländern getragen. Sie dürfen in keinem Falle die Summe von 60 000 Franken jährlich übersteigen.

Um den Beitrag jedes Landes zu dieser Gesamtsumme der Kosten zu bestimmen, werden die vertragschließenden Länder und diejenigen, welche dem Verbande später beitreten möchten, in sechs Klassen geteilt, von denen jede im Verhältnis einer bestimmten Zahl Einheiten beiträgt, nämlich:

die 1.	Klasse	 25	Einheiten
„ 2.	„	 20	„
„ 3.	„	 15	„
„ 4.	„	 10	„
„ 5.	„	 5	„
„ 6.	„	 3	„

Diese Koeffizienten werden mit der Zahl der Länder jeder Klasse multipliziert und die Summe der so erhaltenen Produkte bildet die Zahl von Einzelheiten, mit der die Gesamtausgabe zu dividieren ist. Der Quotient ergibt dann den Betrag der Ausgabeeinheit.

Jedes der vertragschließenden Länder wird bei seinem Eintritt die Klasse angeben, welcher es zugeteilt zu werden wünscht.

Die Regierung der Schweizerischen Eidgenossenschaft wird die Ausgaben des internationalen Bureaus überwachen, die nötigen Vorschüsse leisten und die Jahresrechnung aufstellen, welche allen anderen Regierungen mitgeteilt wird.

Art. 14. Die vorliegende Übereinkunft soll periodischen Revisionen unterzogen werden, um Besserungen herbeizuführen, welche geeignet sind, das System des Verbandes zu vervollkommnen.

Zu diesem Zwecke werden der Reihe nach in einem der vertragschließenden Länder Konferenzen zwischen den Delegierten der genannten Länder stattfinden.

Die Regierung des Landes, in welchem die nächste Konferenz tagen soll, hat mit Hilfe des internationalen Bureaus die Arbeiten dieser Konferenz vorzubereiten.

Der Vorsteher des internationalen Bureaus hat den Sitzungen der Konferenzen beizuwohnen und an den Verhandlungen ohne beschließende Stimme teilzunehmen.

Art. 15. Man ist einverstanden, daß die vertragschließenden Länder sich das Recht vorbehalten, einzeln miteinander besondere Abmachungen zum Schutze des gewerblichen Eigentums zu treffen, sofern diese Abmachungen den Bestimmungen der vorliegenden Übereinkunft nicht zuwiderlaufen.

Art. 16. Die Länder, welche an der vorliegenden Übereinkunft nicht teilgenommen haben, sollen auf ihren Antrag zum Beitritt zugelassen werden.

Dieser Beitritt ist auf diplomatischem Wege der Regierung der Schweizerischen Eidgenossenschaft und von dieser den übrigen anzuzeigen.

Er hat mit voller Rechtswirkung den Anschluß an alle Bestimmungen und die Zulassung zu allen Vorteilen zur Folge, welche in der vorliegenden Übereinkunft vereinbart sind, und tritt einen Monat nach der Absendung der Anzeige durch die Regierung der Schweizerischen Eidgenossenschaft an die übrigen Verbandsländer in Kraft, sofern das beitretende Land nicht einen späteren Zeitpunkt angibt.

Art. 16 a. Die vertragschließenden Länder haben das Recht, der gegenwärtigen Übereinkunft jederzeit für Kolonien, Besitzungen, abhängigen Gebiete und Protektorate oder für einzelne von ihnen beizutreten.

Sie können zu diesem Zwecke entweder eine allgemeine Erklärung abgeben, durch die alle ihre Kolonien, Besitzungen, abhängigen Gebiete und Protektorate in den Beitritt einbegriffen werden, oder ausdrücklich diejenigen nennen, welche darin inbegriffen sind, oder aber sich darauf beschränken, diejenigen anzugeben, welche davon ausgeschlossen sind.

Diese Erklärung soll schriftlich der Regierung der Schweizerischen Eidgenossenschaft und von dieser allen übrigen bekanntgegeben werden.

Die vertragschließenden Länder können in gleicher Weise die Übereinkunft für ihre Kolonien, Besitzungen, abhängigen Gebiete und Protektorate oder für einzelne von ihnen kündigen.

Art. 17. Die Ausführung der in der vorliegenden Übereinkunft enthaltenen gegenseitigen Verbindlichkeiten unterliegt, soweit nötig, der Erfüllung der Förmlichkeiten und Vorschriften, welche die verfassungsmäßigen Gesetze derjenigen vertragschließenden Länder erfordern, die deren Anwendung herbeizuführen gehalten sind, was sie in möglichst kurzer Frist zu tun sich verpflichten.

Art. 17 a. Die Übereinkunft soll auf unbestimmte Zeit bis zum Ablauf eines Jahres vom Tage der Kündigung ab in Kraft bleiben.

Diese Kündigung soll an die Regierung der Schweizerischen Eidgenossenschaft gerichtet werden. Sie erstreckt ihre Wirkung nur auf das Land, welches sie ausspricht; für die übrigen vertragschließenden Länder bleibt die Übereinkunft wirksam.

Art. 18. Die gegenwärtige Akte soll ratifiziert und die Ratifikationen sollen in Washington spätestens am 1. April 1913 hinterlegt werden. Sie tritt in den Ländern, welche sie ratifiziert haben, einen Monat nach Ablauf dieser Frist in Kraft.

Diese Akte mit ihrem Schlußprotokoll wird zwischen den Ländern, die sie ratifiziert haben, ersetzen: die Pariser Übereinkunft vom 20. März 1883; das Schlußprotokoll dazu; das Madrider Protokoll vom 15. April 1891, betreffend die Ausstattung des Internationalen Bureaus; und die Brüsseler Zusatzakte vom 24. Dezember 1900. Jedoch bleiben die angeführten Akte in den Beziehungen zu denjenigen Ländern in Kraft, welche die gegenwärtige Akte nicht ratifiziert haben.

Art. 19. Die gegenwärtige Akte wird in einem einzigen Exemplar unterzeichnet, das im Archiv der Regierung der Vereinigten Staaten hinterlegt werden wird. Eine beglaubigte Abschrift wird von dieser den Regierungen der Verbandsländer übermittelt werden.

Schlußprotokoll.

Zu Art. 1. Die Worte „gewerbliches Eigentum" sollen in ihrer weitesten Bedeutung verstanden werden; sie umfassen jede Produktion auf dem Gebiete der Landwirtschaft (Wein, Getreide, Früchte, Vieh usw.) und der Gewinnung der Bodenschätze (Mineralwässer usw.).

Zu Art. 2. a) Unter der Bezeichnung „Erfindungspatente" sind die von den Gesetzgebungen der vertragschließenden Länder zugelassenen verschiedenen Arten gewerblicher Patente, wie Einführungs-, Besserungs- usw. Patente inbegriffen, und zwar sowohl für Verfahren als auch für Erzeugnisse.

b) Es besteht Einverständnis, daß die Bestimmung des Art. 2, welche die Verbandsangehörigen von der Verpflichtung eines Wohnsitzes und einer Niederlassung befreit, auslegender Art ist und daher auf alle Rechte Anwendung finden muß, die auf Grund der Übereinkunft vom 20. März 1883 vor dem Inkrafttreten der gegenwärtigen Akte entstanden sind.

c) Es besteht Einverständnis, daß die Gesetzgebung der vertragschließenden Länder über das Verfahren vor den Gerichten und die Zuständigkeit dieser Gerichte sowie die Vorschriften der Gesetze, betreffend Patente, Gebrauchsmuster, Marken usw. über die Wahl des Wohnsitzes oder die Bestellung eines Vertreters durch die Bestimmungen des Art. 2 in keiner Weise berührt werden.

Zu Art. 4. Es besteht Einverständnis, daß, wenn in einem Lande ein gewerbliches Muster oder Modell unter Inanspruchnahme eines auf die Anmeldung eines Gebrauchsmusters gegründeten Prioritätsrechts hinterlegt wird, die Prioritätsfrist nur diejenige sein wird, die der Art. 4 für gewerbliche Muster und Modelle bestimmt hat.

Zu Art. 6. Es besteht Einverständnis, daß die Bestimmung des ersten Absatzes des Art. 6 nicht die Befugnis ausschließt, von Hinterlegenden eine von der zuständigen Behörde ausgestellte Bescheinigung der ordnungsmäßigen Eintragung im Ursprungslande zu verlangen.

Es besteht Einverständnis, daß der Gebrauch von öffentlichen Wappen, Abzeichen oder Ehrenzeichen, der nicht durch die zuständigen Stellen gestattet wurde, oder der Gebrauch der in einem Verbandsland eingeführten amtlichen Prüfungs- und Gewährzeichen und Stempel als gegen die öffentliche Ordnung verstoßend im Sinne der Nr. 3 Art. 6 angesehen werden kann.

Es sollen jedoch Marken nicht als gegen die öffentliche Ordnung verstoßend angesehen werden, wenn sie mit Ermächtigung der zuständigen Stellen die Darstellung von öffentlichen Wappen, Abzeichen oder Ehrenzeichen enthalten.

Es besteht Einverständnis, daß eine Marke nicht schon deshalb als gegen die öffentliche Ordnung verstoßend angesehen werden kann, weil sie einer Vorschrift des Markenrechts nicht entspricht, es sei denn, daß diese Bestimmung selbst die öffentliche Ordnung betrifft.

Das gegenwärtige Schlußprotokoll, welches gleichzeitig mit der am heutigen Tage geschlossenen Akte ratifiziert werden soll, soll als wesentlicher Teil dieser Akte angesehen werden und dieselbe Kraft, Gültigkeit der Dauer haben.

XIII.

Gesetz, betreffend den Schutz von Erfindungen, Mustern und Warenzeichen auf Ausstellungen.

Vom 18. März 1904 (RGBl. 1904, 141).

Erfindungen, Gebrauchsmustern, Mustern und Modellen, die auf einer inländischen oder ausländischen Ausstellung zur Schau gestellt werden, sowie Warenzeichen, die auf einer daselbst zur Schau gestellten Ware angebracht sind, wird ein zeitweiliger Schutz in Gemäßheit der nachfolgenden Bestimmungen gewährt:

1. Durch eine Bekanntmachung des Reichskanzlers im Reichsgesetzblatte wird im einzelnen Falle die Ausstellung bestimmt, auf die der zeitweilige Schutz Anwendung findet.
2. Der zeitweilige Schutz hat die Wirkung, daß die Schaustellung oder eine anderweitige spätere Benutzung oder eine spätere Veröffentlichung der Erfindung, des Musters oder des Warenzeichens der Erlangung des gesetzlichen Patent-, Muster- oder Warenzeichenschutzes nicht entgegenstehen, sofern die Anmeldung zur Erlangung dieses Schutzes von dem Aussteller oder dessen Rechtsnachfolger binnen einer Frist von sechs Monaten nach Eröffnung der Ausstellung bewirkt wird. Die Anmeldung geht anderen Anmeldungen vor, die nach dem Tage des Beginns der Schaustellung eingereicht worden sind.

XIV.

Patentgesetz.

Vom $\frac{\text{7. April 1891 (RGBl. S. 79.)}}{\text{6. Juni 1911 (RGBl. S. 243.)}}$

Erster Abschnitt.

Patentrecht.

§ 1. Patente werden erteilt für neue Erfindungen, welche eine gewerbliche Verwertung gestatten.

Ausgenommen sind:

1. Erfindungen, deren Verwertung den Gesetzen oder guten Sitten zuwiderlaufen würde;
2. Erfindungen von Nahrungs-, Genuß- und Arzneimitteln, sowie von Stoffen, welche auf chemischem Wege hergestellt werden, soweit die Erfindungen nicht ein bestimmtes Verfahren zur Herstellung der Gegenstände betreffen.

§ 2. Eine Erfindung gilt nicht als neu, wenn sie zur Zeit der auf Grund dieses Gesetzes erfolgten Anmeldung in öffentlichen Druckschriften aus den letzten hundert Jahren bereits derart beschrieben oder im Inlande bereits so offenkundig benutzt ist, daß danach die Benutzung durch andere Sachverständige möglich erscheint.

Die im Ausland amtlich herausgegebenen Patentbeschreibungen stehen den öffentlichen Druckschriften erst nach Ablauf von drei Monaten seit dem Tage der Herausgabe gleich, sofern das Patent von demjenigen, welcher die Erfindung im Auslande angemeldet hat, oder von seinem Rechtsnachfolger nachgesucht wird. Diese Begünstigung erstreckt sich jedoch nur auf die amtlichen Patentbeschreibungen derjenigen Staaten, in welchen nach einer im Reichsgesetzblatt enthaltenen Bekanntmachung die Gegenseitigkeit verbürgt ist.

§ 3. Auf die Erteilung des Patents hat derjenige Anspruch, welcher die Erfindung zuerst nach Maßgabe dieses Gesetzes angemeldet hat. Eine spätere Anmeldung kann den Anspruch auf ein Patent nicht begründen, wenn die Erfindung Gegenstand des Patents des früheren Anmelders ist. Trifft diese Voraussetzung teilweise zu, so hat der spätere Anmelder nur Anspruch auf Erteilung eines Patents in entsprechender Beschränkung.

Ein Anspruch des Patentsuchers auf Erteilung des Patents findet nicht statt, wenn der wesentliche Inhalt seiner Anmeldung den Beschreibungen, Zeichnungen, Modellen, Gerätschaften oder Einrichtungen eines Anderen oder einem von diesem angewendeten Verfahren ohne Einwilligung desselben entnommen und von dem Letzteren aus diesem Grunde Einspruch erhoben ist. Hat der Einspruch die Zurücknahme oder Zurückweisung der Anmeldung zur Folge, so kann der Einsprechende, falls er innerhalb eines Monats seit Mitteilung des hierauf bezüglichen Bescheides des Patentamtes die Erfindung seinerseits anmeldet, verlangen, daß als Tag seiner Anmeldung der Tag vor Bekanntmachung der früheren Anmeldung festgesetzt werde.

§ 4. Das Patent hat die Wirkung, daß der Patentinhaber ausschließlich befugt ist, gewerbsmäßig den Gegenstand der Erfindung herzustellen, in Verkehr zu bringen, feilzuhalten oder zu gebrauchen. Ist das Patent für ein Verfahren erteilt, so erstreckt sich die Wirkung auch auf die durch das Verfahren unmittelbar hergestellten Erzeugnisse.

§ 5. Die Wirkung des Patents tritt gegen denjenigen nicht ein, welcher zur Zeit der Anmeldung bereits im Inlande die Erfindung in Benutzung genommen oder die zur Benutzung erforderlichen Veranstaltungen getroffen hatte. Derselbe ist befugt, die Erfindung für die Bedürfnisse seines eigenen Betriebes in eigenen oder fremden Werkstätten auszunutzen. Diese Befugnis kann nur zusammen mit dem Betriebe vererbt oder veräußert werden.

Die Wirkung des Patents tritt ferner insoweit nicht ein, als die Erfindung nach Bestimmung des Reichskanzlers für das Heer oder für die Flotte oder sonst im Interesse der öffentlichen Wohlfahrt benutzt werden soll.

Doch hat der Patentinhaber in diesem Falle gegenüber dem Reiche oder dem Staate, welcher in seinem besonderen Interesse die Beschränkung des Patents beantragt hat, Anspruch auf angemessene Vergütung, welche in Ermangelung einer Verständigung im Rechtswege festgesetzt wird.

Auf Einrichtungen an Fahrzeugen, welche nur vorübergehend in das Inland gelangen, erstreckt sich die Wirkung des Patents nicht.

§ 6. Der Anspruch auf Erteilung des Patents und das Recht aus dem Patente gehen auf die Erben über. Der Anspruch und das Recht können beschränkt oder unbeschränkt durch Vertrag oder durch Verfügung von Todes wegen auf Andere übertragen werden.

§ 7. Die Dauer des Patents ist fünfzehn Jahre; der Lauf dieser Zeit beginnt mit dem auf die Anmeldung der Erfindung folgenden Tage. Bezweckt eine Erfindung die Verbesserung oder sonstige weitere Ausbildung einer anderen, zugunsten des Patentsuchers durch ein Patent geschützten Erfindung, so kann dieser die Erteilung eines Zusatzpatents nachsuchen, welches mit dem Patente für die ältere Erfindung sein Ende erreicht.

Wird durch die Erklärung der Nichtigkeit des Hauptpatents ein Zusatzpatent zu einem selbständigen Patent, so bestimmt sich dessen Dauer und der Fälligkeitstag der Gebühren nach dem Anfangstag des Hauptpatents. Für den Jahresbetrag der Gebühren ist der Anfangstag des Zusatzpatents maßgebend. Dabei gilt als erstes Patentjahr der Zeitabschnitt zwischen dem Tage der Anmeldung des Zusatzpatents und dem nächstfolgenden Jahrestag des Anfanges des Hauptpatents.

§ 8. Für jedes Patent ist vor der Erteilung eine Gebühr von dreißig Mark zu entrichten (§ 24 Abs. 1).

Mit Ausnahme der Zusatzpatente (§ 7) ist außerdem für das Patent mit Beginn des zweiten und jedes folgenden Jahres der Dauer eine Gebühr zu entrichten, welche das erstemal fünfzig Mark beträgt und weiterhin jedes Jahr um fünfzig Mark steigt.

Diese Gebühr (Abs. 2) ist innerhalb sechs Wochen

nach der Fälligkeit zu entrichten. Nach Ablauf der Frist kann die Zahlung nur unter Zuschlag einer Gebühr von zehn Mark innerhalb weiterer sechs Wochen erfolgen.

Einem Patentinhaber, welcher seine Bedürftigkeit nachweist, können die Gebühren für das erste und zweite Jahr der Dauer des Patents bis zum dritten Jahr gestundet und, wenn das Patent im dritten Jahr erlischt, erlassen werden.

Die Zahlung der Gebühren kann vor Eintritt der Fälligkeit erfolgen. Wird auf das Patent verzichtet oder dasselbe für nichtig erklärt oder zurückgenommen, so erfolgt die Rückzahlung der nicht fällig gewordenen Gebühren.

Durch Beschluß des Bundesrats kann eine Herabsetzung der Gebühren angeordnet werden.

§ 9. Das Patent erlischt, wenn der Patentinhaber auf dasselbe verzichtet, oder wenn die Gebühren nicht rechtzeitig bei der Kasse des Patentamts oder zur Überweisung an dieselbe bei einer Postanstalt im Gebiete des Deutschen Reichs eingezahlt sind.

§ 10. Das Patent wird für nichtig erklärt, wenn sich ergibt:

1. daß der Gegenstand nach §§ 1 und 2 nicht patentfähig war,
2. daß die Erfindung Gegenstand des Patents eines früheren Anmelders ist,
3. daß der wesentliche Inhalt der Anmeldung den Beschreibungen, Zeichnungen, Modellen, Gerätschaften oder Einrichtungen eines Anderen oder einem von diesem angewendeten Verfahren ohne Einwilligung desselben entnommen war.

Trifft eine dieser Voraussetzungen (1 bis 3) nur teilweise zu, so erfolgt die Erklärung der Nichtigkeit durch entsprechende Beschränkung des Patents.

§ 11.*) Verweigert der Patentinhaber einem Anderen die Erlaubnis zur Benutzung der Erfindung auch bei Angebot einer angemessenen Vergütung und Sicherheits-

*) Neue Fassung, eingeführt durch das Reichsgesetz vom 6. Juni 1911 und in Geltung seit 1. Juli 1911.

leistung, so kann, wenn die Erteilung der Erlaubnis im öffentlichen Interesse geboten ist, dem Anderen die Berechtigung zur Benutzung der Erfindung zugesprochen werden (Zwangslizenz). Die Berechtigung kann eingeschränkt erteilt und von Bedingungen abhängig gemacht werden.

Das Patent kann, soweit nicht Staatsverträge entgegenstehen, zurückgenommen werden, wenn die Erfindung ausschließlich oder hauptsächlich außerhalb des Deutschen Reiches oder der Schutzgebiete ausgeführt wird. Die Übertragung des Patents auf einen Anderen ist insofern wirkungslos, als sie nur den Zweck hat, der Zurücknahme zu entgehen.

Vor Ablauf von drei Jahren seit der Bekanntmachung der Erteilung des Patents kann eine Entscheidung nach Abs. 1, 2 gegen den Patentinhaber nicht getroffen werden.

§ 12. Wer nicht im Inland wohnt, kann den Anspruch auf die Erteilung eines Patents und die Rechte aus dem Patent nur geltend machen, wenn er im Inlande einen Vertreter bestellt hat. Der letztere ist zur Vertretung in dem nach Maßgabe dieses Gesetzes stattfindenden Verfahren, sowie in den das Patent betreffenden bürgerlichen Rechtsstreitigkeiten und zur Stellung von Strafanträgen befugt. Der Ort, wo der Vertreter seinen Wohnsitz hat, und in Ermangelung eines solchen der Ort, wo das Patentamt seinen Sitz hat, gilt im Sinne des § 24 ZPO. als der Ort, wo sich der Vermögensgegenstand befindet.

Unter Zustimmung des Bundesrats kann durch Anordnung des Reichskanzlers bestimmt werden, daß gegen die Angehörigen eines ausländischen Staates ein Vergeltungsrecht zur Anwendung gebracht werde.

Zweiter Abschnitt.

Patentamt.

§ 13. Die Erteilung, die Erklärung der Nichtigkeit und die Zurücknahme der Patente erfolgt durch das Patentamt.

Das Patentamt hat seinen Sitz in Berlin. Es besteht aus einem Präsidenten, aus Mitgliedern, welche die Befähigung zum Richteramt oder zum höheren Verwaltungsdienst besitzen (rechtskundige Mitglieder) und aus Mitgliedern, welche in einem Zweige der Technik sachverständig sind (technische Mitglieder). Die Mitglieder werden, und zwar der Präsident auf Vorschlag des Bundesrats, vom Kaiser ernannt. Die Berufung der rechtskundigen Mitglieder erfolgt, wenn sie im Reichs- oder Staatsdienst ein Amt bekleiden, auf die Dauer dieses Amts, anderenfalls auf Lebenszeit. Die Berufung der technischen Mitglieder erfolgt entweder auf Lebenszeit oder auf fünf Jahre. In letzterem Falle finden auf sie die Bestimmungen im § 16 des Gesetzes, betreffend die Rechtsverhältnisse der Reichsbeamten, vom 31. März 1873 keine Anwendung.

§ 14. In dem Patentamt werden:

1. Abteilungen für die Patentanmeldungen (Anmeldeabteilungen),
2. eine Abteilung für die Anträge auf Erklärung der Nichtigkeit oder auf Zurücknahme von Patenten (Nichtigkeitsabteilung),
3. Abteilungen für die Beschwerden (Beschwerdeabteilungen)

gebildet.

In den Anmeldeabteilungen dürfen nur solche technische Mitglieder mitwirken, welche auf Lebenszeit berufen sind. Die technischen Mitglieder der Anmeldeabteilungen dürfen nicht in den übrigen Abteilungen, die technischen Mitglieder der letzteren nicht in den Anmeldeabteilungen mitwirken.

Die Beschlußfähigkeit der Anmeldeabteilungen ist durch die Anwesenheit von mindestens drei Mitgliedern bedingt, unter welchen sich zwei technische Mitglieder befinden müssen.

Die Entscheidungen der Nichtigkeitsabteilung und der Beschwerdeabteilungen erfolgen in der Besetzung von zwei rechtskundigen und drei technischen Mitgliedern. Zu anderen Beschlußfassungen genügt die Anwesenheit von drei Mitgliedern.

Die Bestimmungen der Zivilprozeßordnung über Ausschließung und Ablehnung der Gerichtspersonen finden entsprechende Anwendung.

Zu den Beratungen können Sachverständige, welche nicht Mitglieder sind, zugezogen werden; dieselben dürfen an den Abstimmungen nicht teilnehmen.

§ 15. Die Beschlüsse und die Entscheidungen der Abteilungen erfolgen im Namen des Patentamts; sie sind mit Gründen zu versehen, schriftlich anzufertigen und allen Beteiligten von Amts wegen zuzustellen.

§ 16. Gegen die Beschlüsse der Anmeldeabteilungen und der Nichtigkeitsabteilung findet die Beschwerde statt An der Beschlußfassung über die Beschwerde darf kein Mitglied teilnehmen, welches bei dem angefochtenen Beschlusse mitgewirkt hat.

§ 17. Die Bildung der Abteilungen, die Bestimmung ihres Geschäftskreises, die Formen des Verfahrens, einschließlich des Zustellungswesens, und der Geschäftsgang des Patentamts werden, insoweit dieses Gesetz nicht Bestimmungen darüber trifft, durch Kaiserliche Verordnung unter Zustimmung des Bundesrats geregelt.

§ 18. Das Patentamt ist verpflichtet, auf Ersuchen der Gerichte über Fragen, welche Patente betreffen, Gutachten abzugeben, sofern in dem gerichtlichen Verfahren von einander abweichende Gutachten mehrerer Sachverständiger vorliegen.

Im übrigen ist das Patentamt nicht befugt, ohne Genehmigung des Reichskanzlers außerhalb seines gesetzlichen Geschäftskreises Beschlüsse zu fassen oder Gutachten abzugeben.

§ 19. Bei dem Patentamte wird eine Rolle geführt, welche den Gegenstand und die Dauer der erteilten Patente, sowie den Namen und Wohnort der Patentinhaber und ihrer bei Anmeldung der Erfindung etwa bestellten Vertreter angibt. Der Anfang, der Ablauf, das Erlöschen, die Erklärung der Nichtigkeit und die Zurücknahme der Patente sind, unter gleichzeitiger Bekanntmachung durch den Reichsanzeiger, in der Rolle zu vermerken.

Tritt in der Person des Patentinhabers oder seines Vertreters eine Änderung ein, so wird dieselbe, wenn sie in beweisender Form zur Kenntnis des Patentamtes gebracht ist, ebenfalls in der Rolle vermerkt und durch den Reichsanzeiger veröffentlicht. So lange dieses nicht geschehen ist, bleiben der frühere Patentinhaber und sein früherer Vertreter nach Maßgabe dieses Gesetzes berechtigt und verpflichtet.

Die Einsicht der Rolle, der Beschreibungen, Zeichnungen, Modelle und Probestücke, auf Grund deren die Erteilung der Patente erfolgt ist, steht, soweit es sich nicht um ein im Namen der Reichsverwaltung für die Zwecke des Heeres oder der Flotte genommenes Patent handelt, jedermann frei.

Das Patentamt veröffentlicht die Beschreibungen und Zeichnungen, soweit deren Einsicht jedermann freisteht, in ihren wesentlichen Teilen durch ein amtliches Blatt. In dasselbe sind auch die Bekanntmachungen aufzunehmen, welche durch den Reichsanzeiger nach Maßgabe dieses Gesetzes erfolgen müssen.

Dritter Abschnitt.

Verfahren in Patentsachen.

§ 20. Die Anmeldung einer Erfindung behufs Erteilung eines Patents geschieht schriftlich bei dem Patentamt. Für jede Erfindung ist eine besondere Anmeldung erforderlich. Die Anmeldung muß den Antrag auf Erteilung des Patents enthalten und in dem Antrage den Gegenstand, welcher durch das Patent geschützt werden soll, genau bezeichnen. In einer Anlage ist die Erfindung dergestalt zu beschreiben, daß danach die Benutzung derselben durch andere Sachverständige möglich erscheint. Am Schlusse der Beschreibung ist dasjenige anzugeben, was als patentfähig unter Schutz gestellt werden soll (Patentanspruch). Auch sind die erforderlichen Zeichnungen, bildlichen Darstellungen, Modelle und Probestücke beizufügen.

Das Patentamt erläßt Bestimmungen über die sonstigen Erfordernisse der Anmeldung.

Bis zu dem Beschlusse über die Bekanntmachung der Anmeldung sind Abänderungen der darin enthaltenen Angaben zulässig. Gleichzeitig mit der Anmeldung sind für die Kosten des Verfahrens zwanzig Mark zu zahlen.

§ 21. Die Anmeldung unterliegt einer Vorprüfung durch ein Mitglied der Anmeldeabteilung.

Erscheint hierbei die Anmeldung als den vorgeschriebenen Anforderungen (§ 20) nicht genügend, so wird durch Vorbescheid der Patentsucher aufgefordert, die Mängel innerhalb einer bestimmten Frist zu beseitigen.

Insoweit die Vorprüfung ergibt, daß eine nach §§ 1, 2 und 3 Abs. 1 patentfähige Erfindung nicht vorliegt, wird der Patentsucher hiervon unter Angabe der Gründe mit der Aufforderung benachrichtigt, sich binnen einer bestimmten Frist zu äußern.

Erklärt sich der Patentsucher auf den Vorbescheid (Abs. 2 und 3) nicht rechtzeitig, so gilt die Anmeldung als zurückgenommen; erklärt er sich innerhalb der Frist, so faßt die Anmeldeabteilung Beschluß.

§ 22. Ist durch die Anmeldung den vorgeschriebenen Anforderungen (§ 20) nicht genügt oder ergibt sich, daß eine nach §§ 1, 2, 3 Abs. 1 patentfähige Erfindung nicht vorliegt, so wird die Anmeldung von der Abteilung zurückgewiesen. An der Beschlußfassung darf das Mitglied, welches den Vorbescheid erlassen hat, nicht teilnehmen.

Soll die Zurückweisung auf Grund von Umständen erfolgen, welche nicht bereits durch den Vorbescheid dem Patentsucher mitgeteilt waren, so ist demselben vorher Gelegenheit zu geben, sich über diese Umstände binnen einer bestimmten Frist zu äußern.

§ 23. Erachtet das Patentamt die Anmeldung für gehörig erfolgt und die Erteilung eines Patents nicht für ausgeschlossen, so beschließt es die Bekanntmachung der Anmeldung. Mit der Bekanntmachung treten für den Gegenstand der Anmeldung zugunsten des Patentsuchers einstweilen die gesetzlichen Wirkungen des Patents ein (§§ 4 und 5).

Die Bekanntmachung geschieht in der Weise, daß der Name des Patentsuchers und der wesentliche Inhalt des in seiner Anmeldung enthaltenen Antrages durch den Reichsanzeiger einmal veröffentlicht wird. Mit der Veröffentlichung ist die Anzeige zu verbinden, daß der Gegenstand der Anmeldung einstweilen gegen unbefugte Benutzung geschützt sei.

Gleichzeitig ist die Anmeldung mit sämtlichen Beilagen bei dem Patentamt zur Einsicht für jedermann auszulegen. Auf dem durch § 17 des Gesetzes bestimmten Wege kann angeordnet werden, daß die Auslegung auch außerhalb Berlins zu erfolgen habe.

Die Bekanntmachung kann auf Antrag des Patentsuchers auf die Dauer von höchstens sechs Monaten, vom Tage des Beschlusses über die Bekanntmachung an gerechnet, ausgesetzt werden. Bis zur Dauer von drei Monaten darf die Aussetzung nicht versagt werden.

Handelt es sich um ein im Namen der Reichsverwaltung für die Zwecke des Heeres oder der Flotte nachgesuchtes Patent, so erfolgt auf Antrag die Patenterteilung ohne jede Bekanntmachung. In diesem Falle unterbleibt auch die Eintragung in die Patentrolle.

§ 24. Innerhalb der Frist von zwei Monaten nach der Veröffentlichung (§ 23) ist die erste Jahresgebühr (§ 8 Abs. 1) einzuzahlen. Erfolgt die Einzahlung nicht binnen dieser Frist, so gilt die Anmeldung als zurückgenommen.

Innerhalb der gleichen Frist kann gegen die Erteilung des Patents Einspruch erhoben werden. Der Einspruch muß schriftlich erfolgen und mit Gründen versehen sein. Er kann nur auf die Behauptung gestützt werden, daß der Gegenstand nach §§ 1 und 2 nicht patentfähig sei, oder daß dem Patentsucher ein Anspruch auf das Patent nach § 3 nicht zustehe. Im Falle des § 3 Abs. 2 ist nur der Verletzte zum Einspruch berechtigt.

Nach Ablauf der Frist hat das Patentamt über die Erteilung des Patents Beschluß zu fassen. An der Beschlußfassung darf das Mitglied, welches den Vorbescheid (§ 21) erlassen hat, nicht teilnehmen.

§ 25. Bei der Vorprüfung und in dem Verfahren vor der Anmeldeabteilung kann jederzeit die Ladung und Anhörung der Beteiligten, die Vernehmung von Zeugen und Sachverständigen, sowie die Vornahme sonstiger zur Aufklärung der Sache erforderlicher Ermittelungen angeordnet werden.

§ 26. Gegen den Beschluß, durch welchen die Anmeldung zurückgewiesen wird, kann der Patentsucher, und gegen den Beschluß, durch welchen über die Erteilung des Patents entschieden wird, der Patentsucher oder der Einsprechende innerhalb eines Monats nach der Zustellung Beschwerde einlegen. Mit der Einlegung der Beschwerde sind für die Kosten des Beschwerdeverfahrens zwanzig Mark zu zahlen; erfolgt die Zahlung nicht, so gilt die Beschwerde als nicht erhoben.

Ist die Beschwerde an sich nicht statthaft oder ist dieselbe verspätet eingelegt, so wird sie als unzulässig verworfen.

Wird die Beschwerde für zulässig befunden, so richtet sich das weitere Verfahren nach § 25. Die Ladung und Anhörung der Beteiligten muß auf Antrag eines derselben erfolgen. Dieser Antrag kann nur abgelehnt werden, wenn die Ladung des Antragstellers in dem Verfahren vor der Anmeldeabteilung bereits erfolgt war.

Soll die Entscheidung über die Beschwerde auf Grund anderer als der in dem angegriffenen Beschluß berücksichtigten Umstände erfolgen, so ist den Beteiligten zuvor Gelegenheit zu geben, sich hierüber zu äußern.

Das Patentamt kann nach freiem Ermessen bestimmen, inwieweit einem Beteiligten im Falle des Unterliegens die Kosten des Beschwerdeverfahrens zur Last fallen, sowie anordnen, daß dem Beteiligten, dessen Beschwerde für gerechtfertigt befunden ist, die Gebühr (Abs. 1) zurückgezahlt wird.

§ 27. Ist die Erteilung des Patents endgültig beschlossen, so erläßt das Patentamt darüber durch den Reichs-Anzeiger eine Bekanntmachung und fertigt demnächst für den Patentinhaber eine Urkunde aus.

Wird die Anmeldung nach der Veröffentlichung (§ 23)

zurückgenommen oder wird das Patent versagt, so ist dies ebenfalls bekanntzumachen. Die eingezahlte Jahresgebühr wird in diesen Fällen erstattet. Mit der Versagung des Patents gelten die Wirkungen des einstweiligen Schutzes als nicht eingetreten.

§ 28. Die Einleitung des Verfahrens wegen Erklärung der Nichtigkeit oder wegen Zurücknahme des Patents erfolgt nur auf Antrag.

Im Falle des § 10 Nr. 3 ist nur der Verletzte zu dem Antrage berechtigt.

Im Falle des § 10 Nr. 1 ist nach Ablauf von fünf Jahren, von dem Tage der über die Erteilung des Patents erfolgten Bekanntmachung (§ 27 Abs. 1) gerechnet, der Antrag unstatthaft.

Der Antrag ist schriftlich an das Patentamt zu richten und hat die Tatsachen anzugeben, auf welche er gestützt wird. Mit dem Antrage ist eine Gebühr von fünfzig Mark zu zahlen. Erfolgt die Zahlung nicht, so gilt der Antrag als nicht gestellt. Die Gebühr wird erstattet, wenn das Verfahren ohne Anhörung der Beteiligten beendet wird.

Wohnt der Antragsteller im Auslande, so hat er dem Gegner auf dessen Verlangen Sicherheit wegen der Kosten des Verfahrens zu leisten. Die Höhe der Sicherheit wird von dem Patentamt nach freiem Ermessen festgesetzt. Dem Antragsteller wird bei Anordnung der Sicherheitsleistung eine Frist bestimmt, binnen welcher die Sicherheit zu leisten ist. Erfolgt die Sicherheitsleistung nicht vor Ablauf der Frist, so gilt der Antrag als zurückgenommen.

§ 29. Nachdem die Einleitung des Verfahrens verfügt ist, fordert das Patentamt den Patentinhaber unter Mitteilung des Antrages auf, sich über denselben innerhalb eines Monats zu erklären.

Erklärt der Patentinhaber binnen der Frist nicht, so kann ohne Ladung und Anhörung der Beteiligten sofort nach dem Antrage entschieden und bei dieser Entscheidung jede dem Antragsteller behauptete Tatsache für erwiesen angenommen werden.

§ 30. Widerspricht der Patentinhaber rechtzeitig, oder wird im Falle des § 29 Abs. 2 nicht sofort nach dem Antrage entschieden, so trifft das Patentamt, und zwar im ersteren Falle unter Mitteilung des Widerspruchs an den Antragsteller, die zur Aufklärung der Sache erforderlichen Verfügungen. Es kann die Vernehmung von Zeugen und Sachverständigen anordnen. Auf dieselben finden die Vorschriften der Zivilprozeßordnung entsprechende Anwendung. Die Beweisverhandlungen sind unter Zuziehung eines beeidigten Protokollführers aufzunehmen.

Die Entscheidung erfolgt nach Ladung und Anhörung der Beteiligten.

Wird die Zurücknahme des Patents auf Grund des § 11 Nr. 2 beantragt, so muß der diesem Antrage entsprechenden Entscheidung eine Androhung der Zurücknahme unter Angabe von Gründen und unter Festsetzung einer angemessenen Frist vorausgehen.

§ 31. In der Entscheidung (§§ 29, 30) hat das Patentamt nach freiem Ermessen zu bestimmen, zu welchem Anteile die Kosten des Verfahrens den Beteiligten zur Last fallen.

§ 32. Die Gerichte sind verpflichtet, dem Patentamte Rechtshilfe zu leisten. Die Festsetzung einer Strafe gegen Zeugen und Sachverständige, welche nicht erscheinen oder ihre Aussage oder deren Beeidigung verweigern, sowie die Vorführung eines nicht erschienenen Zeugen, erfolgt auf Ersuchen durch die Gerichte.

§ 33. Gegen die Entscheidung des Patentamtes (§§ 29, 30) ist die Berufung zulässig. Die Berufung geht an das Reichsgericht. Sie ist binnen sechs Wochen nach der Zustellung bei dem Patentamte schriftlich anzumelden und zu begründen.

Durch das Urteil des Gerichtshofes ist nach Maßgabe des § 31 auch über die Kosten des Verfahrens zu bestimmen.

Im übrigen wird das Verfahren vor dem Gerichtshofe durch ein Regulativ bestimmt, welches von dem Gerichtshofe zu entwerfen ist und durch Kaiserliche Verordnung unter Zustimmung des Bundesrats festgestellt wird.

§ 34. In betreff der Geschäftssprache vor dem Patentamte finden die Bestimmungen des Gerichtsverfassungsgesetzes über die Gerichtssprache entsprechende Anwendung. Eingaben, welche nicht in deutscher Sprache abgefaßt sind, werden nicht berücksichtigt.

Vierter Abschnitt.

Strafen und Entschädigung.

§ 35. Wer wissentlich oder aus grober Fahrlässigkeit den Bestimmungen der §§ 4 und 5 zuwider eine Erfindung in Benutzung nimmt, ist dem Verletzten zur Entschädigung verpflichtet.

Handelt es sich um eine Erfindung, welche ein Verfahren zur Herstellung eines neuen Stoffes zum Gegenstand hat, so gilt bis zum Beweise des Gegenteils jeder Stoff von gleicher Beschaffenheit als nach dem patentierten Verfahren hergestellt.

§ 36. Wer wissentlich den Bestimmungen der §§ 4 und 5 zuwider eine Erfindung in Benutzung nimmt, wird mit Geldstrafe bis zu fünftausend Mark oder mit Gefängnis bis zu einem Jahre bestraft.

Die Strafverfolgung tritt nur auf Antrag ein. Die Zurücknahme des Antrags ist zulässig.

Wird auf Strafe erkannt, so ist zugleich dem Verletzten die Befugnis zuzusprechen, die Verurteilung auf Kosten des Verurteilten öffentlich bekannt zu machen. Die Art der Bekanntmachung, sowie die Frist zu derselben ist im Urteil zu bestimmen.

§ 37. Statt jeder aus diesem Gesetze entspringenden Entschädigung kann auf Verlangen des Beschädigten neben der Strafe auf eine an ihn zu erlegende Buße bis zum Betrage von zehntausend Mark erkannt werden. Für diese Buße haften die zu derselben Verurteilten als Gesamtschuldner.

Eine erkannte Buße schließt die Geltendmachung eines weiteren Entschädigungsanspruchs aus.

§ 38. In bürgerlichen Rechtsstreitigkeiten, in welchen durch Klage oder Widerklage ein Anspruch auf Grund der Bestimmungen dieses Gesetzes geltend gemacht ist, wird die Verhandlung und Entscheidung letzter Instanz im Sinne des § 8 EG. GerVerfG. dem Reichsgericht zugewiesen.

§ 39. Die Klagen wegen Verletzung des Patentrechts verjähren rücksichtlich jeder einzelnen dieselbe begründenden Handlung in drei Jahren.

§ 40. Mit Geldstrafe bis zu eintausend Mark wird bestraft:

1. wer Gegenstände oder deren Verpackung mit einer Bezeichnung versieht, welche geeignet ist, den Irrtum zu erregen, daß die Gegenstände durch ein Patent nach Maßgabe dieses Gesetzes geschützt seien;
2. wer in öffentlichen Anzeigen, auf Aushängeschildern, auf Empfehlungskarten oder in ähnlichen Kundgebungen eine Bezeichnung anwendet, welche geeignet ist, den Irrtum zu erregen, daß die darin erwähnten Gegenstände durch ein Patent nach Maßgabe dieses Gesetzes geschützt seien.

Alphabetisches Register.

(Die Zahlen bedeuten die Seiten.)

B.

E.

F.

G.

H.

J.

M.

N.

R.

S.

T.

U.

V.

W.

Z.

FSC
www.fsc.org
MIX
Papier | Fördert gute Waldnutzung
FSC® C083411

Kolibri 360 GmbH
Ferdinand-Jühlke-Straße 7
99095 Erfurt, Deutschland
produktsicherheit@kolibri360.de